说服心理学

快速改变他人认知，让对方完全信服的人际互动课

赵颖 著

群言出版社

QUNYAN PRESS

·北京·

图书在版编目（CIP）数据

说服心理学 ／ 赵颖著. —— 北京 ：群言出版社，
2015.10
ISBN 978-7-80256-932-4

Ⅰ．①说… Ⅱ．①赵… Ⅲ．①说服－通俗读物 Ⅳ.
①H019-49

中国版本图书馆CIP数据核字(2015)第246062号

责任编辑：陈赫男
封面设计：天之赋设计室

出版发行：群言出版社
社　　址：北京市东城区东厂胡同北巷1号（100006）
网　　址：www.qypublish.com
自营网店：http://qycbs.shop.kongfz.com（孔夫子旧书网）
　　　　　http://www.qypublish.com（群言出版社官网）
电子信箱：qunyancbs@126.com
联系电话：010-65267783　65263836
经　　销：全国新华书店
法律顾问：北京市君泰律师事务所

印　　刷：三河市祥达印刷包装有限公司
版　　次：2015年11月第1版　2015年11月第1次印刷
开　　本：787mm × 1092mm　1/16
印　　张：15
字　　数：210千字
书　　号：ISBN 978-7-80256-932-4
定　　价：35.00 元

19世纪美国著名的黑人领袖弗里德里克·道格拉斯曾说过："如果我能说服别人，我就能转动整个宇宙。"从道格拉斯的话中，我们可以看出说服能力在这个社会中拥有着怎样的影响力。谁能够在有限的时间里采取最合理的方法打动对方的内心，用语言控制对方，谁就能拥有非凡的影响力。

与其他一切艺术形式一样，说服别人就是通过谈话的艺术来打动对方的心。在这整个过程中，把握对方的心理是至关重要的。说服心理学，就是一门能够说服别人同意你的观点，接受你的思想以及价值观的学科。它是关于如何改变人心，改变对方思想的一门心理学科。

在这个信息化的社会，说服能力可以直接决定你的人生的成败。例如在生活中，你需要通过说服你的老板得到工作，需要通过说服客户来获得业务，需要通过说服恋人来获得幸福等。

这样看来，说服的重要性不言而喻。那么，我们要说什么，怎样说，才能让别人心甘情愿地认同我们，接受我们的意见、请求或看法呢？这显然是一门沟通的艺术。

　　说服的过程，实际上是一个推销自己的理念或产品，并让他人接受的过程。在这个过程中，我们可能需要改变他人的认知，触动他人的情感，甚至可能撼动他人的利益。总之，我们要解决的问题很多，而解决这些问题的一个共同之处就是要对他人产生有效的心理影响。说服看似是一个庞大的工程，实则暗含着种种技巧和方法。

　　在生活中，我们需要说服的对象有很多，有可能是你的父母、你的上司、你的顾客、你的朋友或者是你应聘时的主考官，并且，我们随时可能遇到要说服别人的情况，如果不掌握说服的技巧，就难以达到让他人理解、认可的目的。

　　懂得说服心理学的人绝对是生活中、工作中、交际中的佼佼者，他们具有童话故事中的魔力，能够把陌生人变成自己的朋友，能够激励那些消极的人重新振作，努力拼搏。他们具有化干戈为玉帛的神奇，能够获得源源不断的支持和帮助，能够掌握自己的命运，甚至可以改变身边人的人生方向。如果你能说服世界，你就能得到世界。

　　本书从各个方面对说服心理学进行了全面的阐述，传授了成功说服别人的方法和技巧，相信阅读本书之后，说服别人对你来说就不再是难事。

● 目录
Content

Chapter 3 传播和灌输你的价值观

Chapter 4 有理有据，使对方充分信服

Chapter 5　必要的身体语言，会增强话语的诚意

Chapter 6　运用说服技巧，让人无条件跟你走

Chapter 7 面对分歧，积极寻求灵活应对策略

Chapter 8 做一个有修养的说服之王

Chapter 1 / ● 企图说服对方前，先摸清对方的心理

在现实生活中，我们要学会观察人的表情，它们反映着每个人内心深处微妙而又复杂的心理变化。面部表情能够更加准确地传递出对方内心的信息，反映真实的情感。在说服一个人之前，如果你能够通过表情捕捉到对方的内心，那么可以让你的说服变得顺利很多。

● 每个人都渴望获得社会认同

文艺复兴时期的法国人文主义思想家蒙田说过："与别人交流有助于自己的思想修养。"是的，每个人都渴望与人交流，每一个人都需要与人交流。

交流是进行信息传递的有效途径。通过交流，我们可以化解彼此矛盾，改善人际关系；通过交流，我们可以拥有广阔的人脉；通过交流，我们可以促成合作，实现双赢；通过交流，我们可以了解对方的心理，并让别人了解我们，认可我们的思想、观点，进而说服对方接受我们的意见、方案等。

心理学家说："每个人终其一生都在渴望得到他人的认同。"每个人都渴望能够有一个人理解他的思想，渴望能够有一个人与他产生思想上的共鸣，渴望获得对方的认同。

人类是群居动物，不管是在远古时代，还是当今社会或是未来世界，人都需要保持与周围社会的交流。在科幻大片《机械公敌》中，高度智能化的机械人在被废弃的时候，也选择群居，选择与其他机械人共处，甚至表现出"趋光"的特性。为什么会这样？因为在这部电影中，这些机械人都是高度智能的生命体，换句话来说，就是被拟人化了。

为了生存，远古时代的人必须结伴打猎，共同获取食物，彼此相互提供安全保障。除了孤僻症的患者，每个人都需要与他人进行交流，从而避免孤独占据我们的心灵。

这都是客观存在的现实，也是不可否认的规律。那么，我们可不可在与他人交流的过程中，来调整我们劝说别人的技巧呢？毫无疑问，答案是肯定的。

有的政治家会用激将的方法来引起与人们思想的共鸣，有的政治家会用亲民或者震慑的方法，来激起听众的情绪。像林肯、丘吉尔、罗斯福等优秀的政治家，他们没有一个不是出色的演讲家。当今的美国总统奥巴马也是一位非常出色的演讲家，为了稳定自己的政治地位，为了获得亚利桑那州人民的认同，为了稳定当地人民的情绪，奥巴马在2011年的枪击案中曾发表过一次出色的演讲。

2011年1月8日上午，美国的亚利桑那州图森市发生了一起重大的枪击案，在这次枪击事件中造成了6人身亡14人受伤。这起惨案顿时引起了美国各界的关注，奥巴马在12日专程前往亚利桑那州的图森市，为受害者举行追悼会，并在追悼会上发表了一次极具魅力的演讲。

奥巴马在此次演讲中一改过去冷酷、高傲的演讲风格。此次演讲中，他怀着沉痛的心情哀悼逝者，用真诚的话语安慰幸存者，详细地叙述着每一位受害者的情况，同时，他还呼吁各方团结，不再发生类似事件。说着说着，奥巴马百感交集，声泪俱下。

此刻的他，更像是一位洞悉人间真情的牧师，在死的沉寂中唤醒生的希望。奥巴马还告诉人们："人类重要的不是财富、地位、权力、名望，而是我们彼此之间的爱。"这番演讲不但使人们摆脱了悲痛，也让人们对生命有了更深刻的领悟。

枪击案刚发生的时候，人们心中都充满了对政府的愤怒，而身为政府最高领导人的奥巴马，他之所以要出来演讲，并获得了美国大部分民众的支持和认可，就是因为他掌握了高超的交流技巧。

语言交流是沟通的桥梁，语言交流是获得他人认可的前提，在这个社会上每个人都需要交流，只有顺畅的交流和沟通，才能建立起长久的人际关系，才可以让自己在生活中克服困难，在事业上左右逢源，如虎添翼，最终取得成功。

但是，并不是想要成功的人才需要与他人沟通。与人交流，是每一个人的需求。有时候你并不是因为功利而要去与人交流，有时候，你是因为爱，才想要与他人沟通。有小爱，有大爱。小爱者，爱人爱己，我们为了关怀家人，亲近朋友，用我们可用的言语，来抚慰伤痛，或者振奋精神；大爱者，为国为民，绞尽一切脑汁，搜刮一切可用的资料，在谈判中步步为营，或者坚守底线。

石油大王洛克菲勒说："如果人际沟通能力也是如同糖和咖啡一样的商

品的话，我愿意付出比太阳底下任何东西都珍贵的价格，购买这种能力。"
由此可见交流与沟通的重要性。

❀ **说服要点**

交流可以促进两个人的合作，我们可以根据每个人都渴望交流与获得社会认同的心理去说服别人。

● 虚荣心是可以用来说服对方的砝码

人人都有虚荣心。"注意一个人的谈话主题，就不难知道他的虚荣心何在，因为每个人总爱谈论自认为最擅长的东西。"

这是切斯特菲尔德说过的一句话，形象说明了一个人的虚荣之心。每个人都有自尊心，但发生转变之后的自尊心就是虚荣心，俗话说的"穷显摆"，就是虚荣心在作祟。

现实生活中，许多人通过虚荣这一人性弱点来获取自己想要的东西，同样，在说服一个人的过程中，我们也可以利用虚荣心这个普遍的心理来达成我们的目的。

我们周围存在着许多这样的例子，比如说：节假日，你去商场逛街，你进入一家店铺买衣服，在试的过程中，店员会把你夸上天，这件衣服不管你穿上是否好看，都会百般赞美。很多人在这些店员的虚假的赞美下，购买了这些衣服。

她们回家后也许会觉得这件衣服很普通，根本没有店员夸赞的那样合身得体，富有魅力，但是又能如何呢？只能是哑巴吃黄连有苦难言，这就是虚荣心在作怪的原因。

这不由得让我想起了美国作家马克·吐温写的一篇具有讽刺意味的小说《羊皮手套》。小说中，直布罗陀为自己的虚荣心吞下了苦果。

那天，船靠岸后，直布罗陀、谭和船上的那个外科大夫来到了大广场。他们遇见了将军、法官、提督和上校等人。他们说他们正准备去法院附近的小百货商店，据说那里有各种各样的羊皮手套，样式精美，价格也很合适。于是他们三个也跟了过去。

到了百货商店之后，店里一位非常漂亮的小姐给直布罗陀拿了一副手套。直布罗陀说我一直不喜欢蓝色的，可这位漂亮的小姐却说："先生，像你这样的手，你不觉得戴蓝色更好看一点吗？"她的话让他有点动心了。他偷偷地看了一下自己的手，不知道为何竟然觉得蓝色确实是挺适合自己的。

当他用左手戴手套时，他感到很窘迫，因为尺寸太小了，而他的手又太大了。"啊，正好！"她却说道。他使劲一拉，真扫兴，竟然还是没戴上。她却微笑着说："呦！我看你是戴惯了羊皮手套，不像有些人笨手笨脚的。"

听到这些甜美的话，他只知道应该把羊皮手套戴上。刚一使劲，手套竟从拇指根部一直裂到掌心去了。他拼命地遮掩着裂缝，此刻她还在一旁大灌迷汤。他想自己不能不识抬举，就待在那里继续听她说话。

"呦，您真有经验！"她说着，这时，手背处又开了个口。

"这双手套就像为您量身定做的一样，您的手真细巧。万一绷坏，您不必付钱。"此刻手套的横里也绽开了。"我一向看得出什么样的先生最适合戴羊皮手套，像您这样戴才显得大方，只有老资格才会这样。"这时，手套指节那儿的羊皮也裂开了。一双手套已经变成了叫人看着伤心的垃圾。

但是因为他的头上已经被售货小姐戴上了七八顶高帽子，所以，他没敢把手套扔回到美女的手里。

此刻他又好气又狼狈，但他的心里还是挺高兴的。他虽然感觉很害臊，但是面子上却开心地说："这双手套正合适，恰巧合手。我喜欢合手的手套。不，不要紧，夫人，不要紧；还有一只手套，我到街上去戴。店里头真热。"他付了账，还给小姐绅士地鞠了一躬，离开了小百货商店。当他回到街上，回头望去的时候，发现刚才那个女人在哈哈大笑。绕过这条街，他把手套扔进了垃圾桶，唯一让他感到欣慰的是同行的两个人回到船上并没有把这件事情声张出去。

听完这个故事，大家可能会在大笑的同时唏嘘，其实生活中的大部分人都是这样。

就是因为他们有这种虚荣心，不断地追求荣耀和光彩的表面，我们可以利用他们这种心理，满足他们的需求，进而来说服他们。

老子说："将欲歙之，必固张之；将欲弱之，必固强之；将欲废之，必固兴之；将欲取之，必固与之。"这句话是要告诉我们，要想达到某种目的，我们要学会转换思维，以达到"峰回路转，曲径通幽"的境界。虚荣是人的天性，只要我们能把握人的这个特性，满足对方的虚荣心，就会使对方在不知不觉中认同你的观点，达到说服的效果。

当然，我们要保证我们的观点是正确的、有益的、健康的，只有这样我们才能使对方感受到我们的真诚，而不是对我们产生质疑甚至是反感。把握对方的心理，注意说话的方式，这些终归是说服技巧，这是我们应该明白的。

❀ 说服要点

　　要想说服对方，首先要做的就是满足对方的需求。"欲先取之，必先予之"，充分把握住对方的虚荣心理后，再去攻克对方的心灵堡垒，会取得意想不到的效果。

● 渴望获得尊重是人的天性

美国哲学家杜威曾经说过："人们最迫切的愿望，就是希望自己受到重视。无论是声名显赫的大人物，还是名不见经传的普通人。每个人或多或少会有些值得骄傲、为之自豪的事情，在交际中，如果你能抓住对方的得意之处，投其所好，那么对方就会因受到重视而对你产生好感。"

在说服的过程中，我们的目的就是让对方接受你的观点，让他可以按照你的意图来行事。我们不能因为认为自己的理由充分，就盛气凌人，我们也要尊重对方的意见，要以一种温和的态度进行交谈，要让对方感觉到你的体贴。

只有懂得尊重别人，才能让谈话方向朝着有利于自己的一面发展。每一个优秀的推销员都不会用坚硬的表情吓走顾客，他们不会采用愚蠢的强买政策，说话也不会咄咄逼人，而是采取优雅、谦逊的态度，微笑着面对顾客，只有这样，才能让顾客乐于接受局面的转换，进而说服顾客。

如果你想说服顾客买你的东西，在与顾客谈话的过程中，一定不能分神。不论顾客在谈什么，不管是你想听的，还是你不想听的，你一定要仔细听人家讲话，因为这是对别人的一种尊敬。如果你精神不集中，顾客也会看出来的，他们会在心里感觉你特别不礼貌，不把他看在眼里，从而不会给你说话的余地。所以，尊重别人在说服过程中是很重要的。

有一次，赫伯特先生到房地产商吉姆的办公室去拜访，吉姆对赫伯特的保险计划非常感兴趣，当他们谈判到一半的时候，吉姆就开始聊起了自己的儿子，一名即将毕业的法学院的学生。吉姆先生很为自己的儿子感到骄傲。

但是在他说话的时候，赫伯特走了神。因为办公室外有一些人在说笑，赫伯特就忍不住听外面的笑声。赫伯特知道这样做不太礼貌，于是在吉姆先生大谈自己儿子如何深受器重的时候，他不停地点头，他以为吉姆会看不出来他走神。

当他们回到正题，开始谈保险的事情的时候赫伯特发现吉姆已经态度冷淡。他意识到有什么地方不对劲，这时吉姆站起来说："好了，今天谈得够多了。"说完径直就走了出去。这就是谈判的最终结果。晚上回家时，他一直在思索自己到底哪里做错了。实在想不通，他就给吉姆打了一个电话，想问个究竟。

"这是怎么啦？到底是什么让你生气地走了？"赫伯特问道。

"你为什么要问这个问题？"吉姆问道。

"因为我一直希望自己做得更好，如果我做了什么冒犯你的事情，请你告诉我，以免我以后再犯。"

"赫伯特先生，我跟你说话的时候，你的眼睛一直望着窗外，很显然你并不想听我讲我的儿子，反倒是很有兴趣听那些推销员讲笑话，我不喜欢这种对人不礼貌的人。"吉姆生气地回答道。

赫伯特对自己的行为感到羞愧，沉默之后说："您说得完全正确，是我的错。我不配得到您的生意。在您挂电话之前，我想让您知道，我认为您有权利为您的儿子感到骄傲，您的儿子听起来是一位很优秀的年轻人，我相信他一定会成为一名出色的律师。今晚我真心地感谢您对我说的话，让我学会了很多东西。我只希望有一天您能够再给我一次机会。"

一年之后，赫伯特才从吉姆先生那里得到了一张订单。

在这个故事中，如果赫伯特先生能够尊重吉姆的话，他可能在那次谈话中就能成功说服吉姆先生，从而拿到订单。

另外，在人际交往中说服他人的时候，我们不能总是将目光锁定在对方的缺陷或者弱点上面，如果抓住对方的缺点不放，对方就不会再相信你了，你又怎样去说服对方呢？还有在规劝亲朋好友的时候，这些缺点也是尽量不要把它当作话题来讨论。我们要懂得尊重他人，多从对方的角度考虑，才能赢得对方的信任。

这也要求我们，生活中我们一定要学会平等友好地对待他人。说服别人时，谈话的内容要避开对方的痛处，要学会尊重他人。这种友好的交往方式会让你赢得更多人的尊重，也会让你的言辞更加具有说服力。

每一个人的人生都不是一帆风顺的，所以在劝说别人的时候，我们要尽量回避那些令人感到伤心的话语，要学会提炼出对对方有用的信息，好好地劝说对方。

这样我们就可以从正面的角度来劝说对方，来帮助他们出主意、想办法。这样一来，我们身边的朋友就会越来越多。生活中，每个人的思维都是不一样的，我们要学会尊重他人的意见和观点，只有懂得尊重别人的人，才会获得别人的信任，才有机会说服对方。

如果你要想说服对方，你就要学会理解、包容、赞美以及尊重对方。学会怎样去劝说对方才是最合适的，学会怎样运用语言的技巧去说服别人。

❀ **说服要点**

在说服过程中，要学会尊重别人，因为每个人都渴望得到尊重。我们要通过让对方获得尊重，从而获得对方的认可，以此来说服对方。

● 求知欲是推动人进步的心理力量

想要通过求知欲来说服他人的话，首先要了解什么是求知欲。求知欲是人的一种内在的精神需要——认知的需要。作为内在精神需要的求知欲一经形成，就又成为构成学习动机的一个重要心理因素。乔治·摩根给求知欲所做的心理学定义是：求知欲是一种心理力量，他能激励个体全神贯注、坚持不懈地尝试独立解决问题，鼓励个体凭借自己的能力掌握一门技巧或者技能。

调动求知欲有下列几种方法，例如：给人一种特别的感觉、让某件事情具有挑战性，或者是拥有自主权。如果想要运用求知欲来说服他人首先我们可以在谈话中给人一种特殊的感觉，让这个人觉得这项工作只有某个精英团体的成员才能胜任，这样他会更有动力去完成这个工作。

马克·吐温的《汤姆·索亚历险记》中的汤姆要给姨妈的房子的篱笆刷白漆，但他不想干这活儿，便绞尽脑汁地想要别人来替他完成这项工作。于是，汤姆假装刷漆是一件特别的事，只有技术过硬的人才会完成。从他旁边走过的男孩从他身上得到的信息就是给篱笆刷漆是一个很特别、有挑战性的工作，于是他们都想和汤姆一起刷漆。而汤姆故意装着不乐意，他说："我敢打赌，从一千个人甚至两千个人里，都挑不出一个能严格按照要求刷好篱笆的人。"

当然，并不是让你像汤姆一样去骗人，但是生活中人们的确喜欢属于那种精英团队的感觉。我们喜欢因为拥有某个特殊的才能和技巧而区别于他人的感觉。

当一项工作要求具有某种特殊才能、技巧或知识时，人们更愿意从事这项工作。你如果能成功地调动起对方的求知欲，就能让他为你做事。

其次，我们可以让人觉得这件事具有挑战性。当某件事情有难度、具有挑战性的时候，就会激发人的征服欲。只有让任务看起来更具有挑战性才会让人拥有强烈的求知欲。

太过简单的事情，也无法调动人们的求知欲。当然，如果这项任务难度过大，以至于人们无法完成，这就会打击他们的求知欲。

所以说要想运用求知欲说服他人，一定要掌握好这个挑战的难度，不能太过于简单，也不能过于太难。

几年前，王珊的丈夫建议她学习爵士钢琴。当时她的丈夫正在学习爵士吉他。丈夫希望她学会后他们一起合奏。王珊曾经学过一点钢琴，但是并不是特别熟练，更别提爵士钢琴了。

但是王珊一想到自己能够熟地弹奏钢琴就感到十分心动。因此王珊决定学习。她参加了几场爵士乐学术讨论会，找到一位钢琴老师，又买了几本指导用书和视听课程。

可惜的是，事实证明这份挑战对于王珊来说太难了。她学习了很多爵士乐的知识和音乐理论，但她无法达到和其他业余钢琴手合奏的水平。

当人们看不到任何进步，感觉自己无论如何也不能掌握这门技巧时，挑战就不再是动力。

于是她的丈夫建议王珊改学爵士唱法。王珊的丈夫觉得以她的能力学习爵士唱法应该能达到不错的程度，肯定会比学习爵士钢琴效果明显。经过丈夫的劝说，她决定继续学下去，求知欲成为了她继续学习下去的动力。

事实证明，学习爵士唱法是适合王珊的挑战。这么多年过去了，她仍然在学习爵士唱法。她很享受这份挑战，也很满意自己的进步和目前达到的水平。她虽然不是艾拉·费兹杰拉、珍妮特·普兰尼特、戴安娜·克瑞尔，但是这时的她已经有足够的自信和其他业余的歌手一起演唱爵士歌曲。

一个优秀的老师知道如何把一门学问或者是一组技巧分解成学生容易接收的模块。优秀的老师也是学习方法的大师。他将技能与信息分解以便学生理解和掌握，运用求知欲驱动学生学习。

马克·吐温曾对人性进行了详细的描述："尽管他没有意识到，但他发现了人类行为的重要规律——也就是说，要想让一个人或者一个孩子渴望一件东西，只需让这件东西不那么容易到手就可以了。"只有具有挑战性的事情，才会吸引人去努力完成。

最后，我们可以用调动求知欲的第三种方法——让对方感到拥有自主权来达到说服别人的目的。它是一种管理自己以及工作的能力。生活中，我们总是希望按照自己的想法以及自己安排的时间表来做事。我们喜欢自主权。因为它让我们拥有掌控权。只有给对方足够的自主权，才能使他更加具有动力。

在说服别人的时候，你可以运用上面的几种方法激起对方的求知欲，通过利用他人的求知欲，进而顺利地说服他人。

❀ 说服要点

想要用求知欲来说服他人，就要调动这个人的求知欲，只有激起对方的求知欲，我们才能找到切入点去说服他人。

● 摸透人们的从众心理

韦奇定理的提出者美国加利福尼亚大学洛杉矶分校经济学教授伊渥·韦奇说："假如你对某事产生了自己的看法，但另外的10个人和你的观点相反，你就很难不对自己的观点产生怀疑。"这是值得我们深思的问题，这种现象在我们上课回答老师问题的时候经常发生。这就是群体思维。群体思维会让群体中的每一个人认为这种思维是对的。即便此刻有人提出来异议，群体性的震慑也会让其遵从。

想要通过摸透人们的从众心理来说服别人，首先要知道什么是从众心理。我们从一个故事中来了解一下从众心理。

一位石油大亨死后去了天堂参加会议，到了会议室之后发现没有座位，于是他灵机一动，大喊："地狱里发现石油了。"天堂的人们都急匆匆地奔向了地狱。很快，天堂中只剩他一个人了。他心想莫非地狱真的有石油，于是他也起身去地狱了，到了那里发现，根本就没有石油，有的只是痛苦。

这则幽默的故事告诉我们盲目从众是不对的，我们要学会在做任何决定之前，考虑清楚。

从众心理就是指人受到外界人群行为的影响，而让自己的知觉、判断、认识上表现出符合于公众舆论或多数人的行为方式。实验表明只有很少的人能保持独立性，所以从众心理是个体普遍具有的心理现象。因此，只要你摸透了人们的从众心理，你就可以轻松地说服别人。

通常情况下，多数人的意见往往是对的。从众服从多数，一般是不会出错的，但是如果缺乏分析，不作独立思考，不顾是非曲直地一概服从多数，跟随大流走，这是不可取的，是一种消极的、盲目的从众心理。这种消极的从众心理，它会限制一个人个性的发展，束缚一个人的思维，渐渐地让人失去创新的能力，会让一个人变得没有主见。但是它也有其积极性的一面，我们可以从中学习前人的智慧和经验，可以少走弯路，扩大我们的视野，避免盲目自信。

生活中，我们要努力培养和提高自己独立思考和明辨是非的能力，遇事和看待问题，既要慎重考虑多数人的意见和做法，也要有自己的思考和分析，从而作出正确判断，并以此来决定自己的行动和说服别人的方法。

我们在说服别人的过程中，可以利用从众心理，用被说服者身边的人来影响对方，我们可以列举出对方身边人的态度以及行为，增强自己的说服力。

一般情况下，从众心理导致的后果，我们可以接受，但是在股市当中，从众带来的那可是真金白银的流失。在股票市场中，不少的投资者喜欢跟风，因此股票市场中血本无归的例子不是少数。

2015年5月30日的股市大跌让许多跟风炒作的散户损失惨重，很多人到现在为止，都还没解套。对于今年新增的1000多万的股民来说，无疑是一次惨痛的警示。

上海证券交易所发布的《中国证券投资者行为研究》显示：在中国，证券投资者有3个显著的特点，即短线操作、从众心理和处之效应。调查结果显示，即使在行情上升130%的2006年A股大牛市中，仍然有30%左右的投资者是亏损的。导致这个结果的重要原因是盲目从众、短线投机。

在行为金融学中，投资者的"羊群效应"或者是从众行为都是在金融学中比较常见的现象。这种从众行为让投资者失去了主观思考的能力，让自己成为没有意识的投资者，这是存在着极大的风险的。

在股票市场中，投资者的"羊群效应"，不仅会导致股票市场出现泡沫，使市场运行的效率受损，同时也会使系统的风险加大好多。投资者在"羊群效应"的影响下，常常会在股市涨的时候热情高涨，跌的时候情绪低落，加重了市场投机氛围。

由此可见，从众心理对人的情绪是有一定的影响。我们可以利用从众心理对人造成的情绪的影响，来说服他人听从我们的意愿。

《阿甘正传》中的主角阿甘跑步横穿美国，以致引来无数陌生人的跟随，当他结束旅程回家时，那些跟着他奔跑的人突然茫然失措——我们怎么办？这就是从众心理所导致的结果，由于个人没有主见，突然间感到不知所措。从众心理就是跟着某些人的步伐，听从某些人的号令。如果我们有本事让更多的人随你的目标而奔跑，那么你获得的成功和荣耀是无法估量的，未来一片光明。

不过，如果要想利用从众心理来说服对方，要想让陌生人遵从你的意愿，按照你的期望前行，帮你实现某些需求，你必须具备以下三点：

第一，你要有一个正确的目标，无论你是想要推销自己的产品，还是与对方洽谈合作，你始终要目标明确，知道自己在干什么。如果你的思想总是受到别人的牵引，那么你不但会偏离自己的目标，还有可能成为被人利用的"顺从者"。

第二，你有强烈的自我实现目标的欲望。这就要求你对自己的产品要充满自信和喜爱，一个推销员如果连他自己都不喜欢自己的产品，就更不要指望其他人了。你是否自信，别人从你的眼神和举动中就能一眼看出。如果你怀着自信，抱着全力以赴达到目标的想法，那么事情就会顺着你所想的发展下去。真诚的微笑，会让对方感觉你是一个自信的人。只有你的情绪在足够积极主动的情况下，别人才更容易听从你，如果你连自己都说服不了，就别指望他人对你的想法"随从"了。

第三，告诉他别人也在做。无论在怎样的场景下，这句话是一定要强调的。"这家健身房里经常有明星出入！""这类保险可是比尔·盖茨为自己购买的唯一一份保险！""这类玩具在世面上快要卖疯了，几乎所有的孩子都人手一款！"不要小瞧这简单的一句话，就是这一句话，它会在关键时刻改变一个人的主意。从经济学的角度来看，从众能使人获得某种报酬。从众效益的最大化心理也会为自己的工作带来帮助。

利用从众心理就是让对方跟随你，听从你。但这种跟随并不是强迫别人，也不是蛊惑别人，而是利用一种巧妙的手段让对方不由自主地对你或你的产品产生兴趣。

🪷 说服要点

在与人交际中，我们要懂得恰当运用从众心理的两面性，不要被从众心理所操控。我们可以利用人们的从众心理，进而说服他人。

● 观察表情，窥探内心

在现实生活中，我们要学会观察人的表情，它们反映着每个人内心深处微妙而又复杂的心理变化。面部表情能够更加准确地传递出对方内心的信息，反映真实的情感。在说服一个人之前，如果你能够通过表情捕捉到对方的内心，那么可以让你的说服变得顺利很多。

生活中，每一个人都是带着表情生活的，他们会因为周遭的事物表现出或喜或悲的表情。周围的环境与人群无时无刻不在影响着一个人的心情，进而影响着这个人的表情。有些人，虽然他饱读诗书，才华横溢，却总是郁郁不得志，其很大原因在于他不懂得识人。看不懂别人的真实的意图，自然也很难迎合别人，所以在生活中树了很多敌人自己也不知道。人只有懂得看透别人的内心，才能保护好自己，才能不再受人排挤，获得他人真正的认可。

在我们与人交际的时候，我们必须要有一双洞察世事的慧眼。从与人交际中学会抓住对方发出的任何一个表情信号，及时发现对我们有用的信息，然后对其进行分析，为我们以后的说服打下良好的基础。我们要在交际中实现自己的目标，成就更加美好的未来。

在人与人的交往中，有些微表情是不能忽视的，这种表情持续的时间短，是一种不受控制的反应，就是这种一闪而过的表情，是一个人内心最真实的反应。

王强家的房子又老又旧，王强想翻新一下房子。为了让自己的新家更加宽敞，他想扩大一下自己的空间。但是这占了邻居的地盘，邻居当然不乐意了，邻居告诉王强："你要是敢占这地方，我就去告你，你看着办。"

王强顿时烦恼了起来，遇到这么强势的邻居，这该如何是好，还有商量的余地吗？他不敢明目张胆地同邻居作对，但是内心想让家里宽敞的想法和欲望一直在燃烧。

此刻有人来到王强家告诉他："你可以去找孟老大帮忙，他在我们这里非常横，大家都害怕他，请他来帮你，或许你的邻居就不敢再说什么了。"王强想了想，觉得这个主意不错。于是就赶紧去超市买了礼物去孟老大家。

到了孟老大家，推门进去，看见孟老大在院子里坐着。他就直接把礼物放在孟老大的面前，说："老大，我想请你帮我个忙。"孟老大说："什么忙？"王强接着说："我想让你帮我吓唬吓唬我的邻居，他太强势了，阻止我盖房子，真是太气人了。"

此时孟老大心里暗喜，因为孟老大是一个好吃懒做的人，一看到王强带来的礼物，两眼就直放光。他附和道："行，行，没问题，不就是吓唬吓唬人嘛，这是我最擅长的事儿了。别担心，交在我身上。"孟老大收了礼，又出来说了一句："你先回去吧，明天中午，我就去给你出气，你等着我就行了。"王强一听，屁颠屁颠地回家去了。

　　刚到家，正好在门口遇到邻居，他趾高气扬地对邻居说明天中午要你好看。到了第二天中午，当王强与邻居吵翻了天，却始终不见孟老大的身影。王强因为没有理，所以被邻居骂得狗血淋头，邻居差点动手揍他。幸好村子里的人上前拦住了邻居，才让他逃过一劫。

　　一直到后来，他才知道其实孟老大根本就没想要帮他，人家和邻居是亲戚，怎么可能会出来自找没趣呢？王强万万没想到的是，孟老大收了礼还不办事。王强仔细回想了一下与孟老大谈话时他的表情，那种淡定而又窃喜，那样一副云淡风轻的样子，原来他内心一直没有打算要帮忙。是他自己笨，没有及时观察出他的心态，赔了夫人又折兵，只能自认倒霉了。

　　我们要学会解读一个人的表情，才可以在处理事情的时候不会像王强一样，处处碰壁。那么我们怎样才能去正确地解读一个人的表情呢？

　　我们可以通过眼睛来看透一个人的内心世界。我们要学会透过眼睛反射的信息，来看透对方最真实和最有价值的信息。

　　通常情况下，当一个人的脸部表情是放松的，比如说：嘴角轻扬，嘴巴微张，眉梢带点喜悦时，我们就可以判断这个人此刻的心情是很愉悦的，并且生活应该也是很惬意的。一个人在悲伤、郁闷或者不高兴的时候，他们的脸色就会黯然无光，眼神就会失去光彩，当你遇到对方呈现这样的状态的时候，你就要学会适可而止。

　　当对方脸部呈现出嘴巴抿紧，鼻孔往外翻的时候，你要赶紧远离这个人，要避免让他生气的心情影响到你。或者你可以选择调整一下气氛，但切记不可无中生有，火上浇油。当一个人真心笑了，脸上就会有皱纹，而佯装的笑容是没有的。一个人的瞳孔放大说明激动兴奋；一个人开口说话之后然后立马抿嘴，说明此人对自己有点不自信，怀疑自己；如果对方眉角上扬，说明他不是真的吃惊。

在现实生活中，还有一部分人是没有表情的，这说明他们一般是那种内心强大，能够保持喜怒不形于色。这些人还有一个特点就是不仅善于伪装自己的情绪，还善于观察别人的表情。所以在与这些人交往的时候，要做到说话办事谨慎，别让对方窥探到你的内心，从而被别人说服利用。所以在说服的过程中，我们可以通过观察他人的表情，来了解他人内心的真实想法，进而说服对方。

❀ 说服要点

在人际交往中，一定要学会阅读他人的表情，否则就会误解对方的真实意图，形成错误的判断，造成尴尬。当我们真正地了解他人传递的表情信息的时候，才会获得更多对我们有利的条件，进而更好地去说服对方。

● 听懂弦外之音，领悟对方的真实想法

在日常交际中，我们有时候要学会听懂别人的言外之意。只有听懂弦外之音，才能明白对方的真实意图，才能满足对方的需求，从而更容易说服别人，达到自己的目的。

在人际交往中，我们不仅要学会说，还要学会听。只有听懂对方的话，我们才能懂得对方的真实意图，如果我们不懂得对方的真实意图，那么我们的说服在对方面前就会显得苍白无力。

《道德经》说道："天下难事，必作于易，天下大事，必作于细。"在生活中，凡是能听懂别人话外之意的人，他们大多数都会观察细节，知道从细微处入手。他们善于体会生活中的点点滴滴，懂得察言观色。

张丽是一个特别喜欢音乐的人，她常常痴迷地陶醉在自己的小提琴世界里。在她的熏陶下，十岁的儿子也非常喜欢拉琴，班级的同学经常尊称他为"小小的音乐家"。

有一天放学回家，她儿子高高兴兴地跑过来对她说："妈妈，我们

学校下个月将要举办联欢会，我要努力练习，到时候发挥出我最佳的水平。"这让张丽感觉很是开心。

"嗯，好的，你要勤加练习，但是你一定要早点睡觉，不能太晚，影响你第二天上课。"张丽摸着儿子的头，开心地说道。

儿子虽然答应了，但是每天晚上他都要自己一个人练琴到很晚。有一天，隔壁的邻居终于忍不住了，在吃午饭的时候，过来和张丽絮叨了一会儿，说："你家孩子可真努力，晚上十点多都还在练琴，发出叮叮当当的响声。"

张丽听出了隔壁的言外之意，赶紧充满歉意地说："哦，真不好意思，打扰到你了，以后我会让他注意的。"

邻居走后，张丽训斥儿子："不是给你说过了晚上十点之后不能练琴的吗？你看隔壁的都找上来了。"

儿子执拗地说："我就是想练琴，这与他有什么关系，再说你看李叔叔还夸我勤奋呢！"

"李叔叔的意思是你练琴打扰人家休息了，你没听懂大人的言外之意。"儿子一听原来如此，以后晚上没再练过琴。他第一次意识到原来大人的话还有弦外之音啊。

在这个小故事中，虽然邻居夸赞了张丽的儿子，但是这是表面的意思，他碍于面子，不好意思说被打扰了，只有通过弦外之音来表达了。张丽听出了他的弦外之音，才能让以后的邻里关系更加和谐。

在我们生活当中，我们要学会捕捉他人的弦外之音，避免由于对他人的不理解以及理解错误给自己造成不必要的麻烦。我们与人沟通的时候，大部分时间是通过语言进行沟通的，有的人说话比较直接，有的说话比较隐晦，特别是中国人说话向来是比较含蓄的，这就要我们在与人沟通时要具备很好的揣摩能力，只有这样我们才会在人际交往中越来越好，只有这样，我们才会慢慢地被他人认可，获得说服他人的机会。

想要长久地和朋友往来，我们所要做的就是要听懂他人的话外话，只有这样我们才能融入到交际氛围内。在我们的沟通中，通常讲话外话是需要有技巧的，那么在现实生活中我们怎样做才能参透对方的话外之音呢？我们要掌握哪些技巧才会让我们的语言更得人心，才会让我们更容易说服对方呢？

第一，我们要学会站在对方的立场上去考虑问题，不能仅仅凭自己的主观臆断来做判定。

第二，我们要明白对方所说的话中的暗示、影射等。

第三，还要结合当时的情况和语境，有时候你也可以根据一个人的脾性来做判断。

第四，根据对方的说话节奏，说话音调和突然改变的说话方式来判断这个人，进而根据这个人的性格来说服对方。

通常来说，自信心很旺盛的人，说话节奏具有决断性；相反，缺乏自信的人，说话声音里必然缺乏决断性，说话时小心谨慎，内心充满不安。有一种人话题始终说不完，即使想要告一段落，也需要花费很长时间，此类人心中潜伏着一种唯恐话题即将说完的恐惧和不安；还有一种人在谈话时总想尽早道出结论、结束谈话，这是唯恐被人提出反驳意见的最好证明。

当一个人怀着浮躁的心情与人交谈，或者谈话中的两个人意见相左时，说话者的音调就会突然高昂起来，表示他想让别人了解他内心无法抑制的情绪或想要压倒对方。据此可知，如果一个人心怀企图的话，他在说话时一定会有意地抑扬顿挫，故意制造出一种与众不同的感觉来，目的是吸引人的注意。

如果某人平时能言善辩，可在一些场合，突然结结巴巴地说不出话来；或者某人平时说话东拉西扯，不得要领，属于木讷型的人，但在某一场合，突然滔滔不绝地说出一大堆话来，这时候，这种人一定是事出有因。

我们在现实生活中，不仅要学会听，还要学会多看，多观察对方的行为举止，因为好多的话外之意会通过肢体语言表达出来。如果想要与对方有深入的沟通和了解，我们就要随时注意对方的特殊动作以及直接做出的暗示动作。

交际是在社会上立足的一项技能，不懂交际的人在这个社会上很容易遭人算计，甚至有时候还会被别人瞧不起。

❀　　说服要点

　　在现实生活中，我们要明白听懂弦外之音的重要性，学会领悟和揣摩他人的心思，明白对方的意图，只有这样，你身边的朋友才会越来越多。当你领悟了对方的意思，然后再去说服他人，就会变得容易很多。

Chapter 2

精心设计，提前准备，为说服暖场

交往的过程中，给人留下一个良好的第一印象，在以后的工作和生活中对你还是很有帮助的。如果你在第一次交往中给别人留下了一个好印象，别人就会乐于跟你进行第二次交往；相反，如果你在第一次交际中表现不佳或很差，往往很难挽回。

● 找到双方的共情之处

参加歌唱比赛的关键在于选择一首好歌曲；做好一桌美味佳肴，主要是准备好各种佐料，合理搭配，才会色香味俱佳，让人喜欢跟接受。所以把握住事物的关键，才能有的放矢，走向成功。同样地，想要说服某个人，掌握说话的技巧，就必须有所准备，要找到双方的共情之处，让说服变得更加顺利。

试图让对方接纳你的观点，首先要找到与对方的共性，比如说年龄、性别、社会地位、家庭出身、兴趣爱好、籍贯以及人生观。了解一个人需要循序渐进，刚到一家公司，对身边的同事不了解，通过吃饭、喝茶、一起聊天，得知对方跟你也有相同的爱好，就会感觉找到知己了一样，会有一种相见恨晚的感觉。

人们经常这样评价一位优秀的推销员：我感觉在和他聊天的过程中就好像是在和自己聊天一样。因为优秀的推销员在和顾客交流的时候尽量让声调、音量、节奏，甚至是身体姿态、呼吸频率都与顾客保持一致。这对于加强彼此的沟通，增进彼此的感情，无疑是一个很好的方法。

　　日俄战争的结束，对清政府震动很大。清政府认为日本以立宪而胜，俄国以专制而败，加上国内局势动乱，大清政权已经飘摇欲坠。为了加强皇权，巩固政府统治，决定实行新政，决定立宪。

　　而此时清政府真正的统治者慈禧太后却坚决不同意，在朝廷上下一筹莫展的时候载泽站了出来。他内心深深地知道，慈禧根本不关心立宪与否，也不关心是否会成功，她的内心只在乎皇权是否还在自己的手中。于是载泽对慈禧太后说："立宪之前先得预备立宪，但是预备立宪需要花费20年的时间。"慈禧太后一听，心想：光立宪就要20年，而那时我早飞到西方极乐世界了，那时候与我就没有关系了。于是慈禧太后就欣然同意了立宪。

　　但是，立宪却在短短的3年内就完成了预备立宪，并非像载泽说的那样需要20年。3年之后，清政府颁布了《钦定宪法大纲》，立宪获得成功。

　　从这个简短的历史事件可以看出，巧妙地说服他人古已有之。如果载泽在说服慈禧接受立宪的时候没有准确地抓住她的心理诉求——即皇权，就不会顺利地说服慈禧太后。载泽正是看到了这一点，于是载泽便向慈禧太后承诺在她有生之年，不管怎样立宪，皇权都不会落入他人之手。而慈禧的心理诉求得到了满足，便很痛快地答应了载泽的要求。

　　只有能够准确地把握对方的心理需要，才能顺利地完成我们的目标。在心理学上，有这样一个概念——共情。那么什么是共情呢？美国著名心理学家罗杰斯认为，它就是一种能深入他人主观世界，了解他人感受的一种能力。也有学者认为共情就是"能够了解他的世界，必须能够做到好像可以从他的眼看他的世界及他自己一样，而不能把他看成物品一样从外面去审核、观察，必须能与他同在他的世界里，并进入他的世界，让我们了解他的生活方式以及他的目标和理想。"

因此，在说服别人的过程中，我们要学会换位思考，学会站在他人的角度去考虑问题。掌握对方的思维方式，了解对方的行为习惯，根据这些进行有效的换位思考。只有这时你才会发现，当你想着了解对方的时候，换位思考是最具有效果的。

春秋时期，鲍叔牙与管仲在还没各为其主的时候就已相识。那时候二人合伙做生意，管仲因为家里穷，只拿出了很少的一点资金，鲍叔牙没在意。后来生意有了起色，赚了一点钱，管仲就拿这些钱还了家中的债，鲍叔牙知道后没说什么。到了年底分红的时候，管仲又拿了一半的红利。这时，跟从鲍叔牙的人站出来反对说："管仲出资少，平时还拿钱还债，到了年底居然要分一半的红利，如果是我，我一定是不会接受的！"

鲍叔牙听后斥责下人道："难道你们没发现管仲家里很穷吗？他比我需要钱，我跟他合伙做生意就是要帮帮他！"

后来二人上了战场，管仲在战场上消极应战，被战士们耻笑是贪生怕死之辈。长官打算拿管仲杀一儆百，此时鲍叔牙站了出来，说道："管仲的为人我是最了解不过了，他家有年迈老母亲无人照顾，他苟且地活着是为了尽孝道啊！"管仲听到这番话后，感动不已，说道："生我者父母，知我者鲍子也！"

这便是历史有名的"管鲍之交"。在别人的眼中，管仲是一个贪财怕死之辈，而鲍叔牙却不这么认为，因为他能设身处地地为管仲考虑，知道他家中贫穷，有年迈的老母需要照顾。正是这种设身处地的换位思考，成就了历史上"管鲍之交"的佳话。

要想准确地抓住对方的心理诉求，不是那么容易的事情，这要求我们学会揣摩别人的心思，多问问别人为什么，并且还要不断地与他进行沟通和交流来验证你的揣测。这样你就会在无意间形成敏锐的洞察力，你才能轻易地说服对方。

❀ 说服要点

当我们与一个人交流的时候，必须要走进他的世界，从他的内心深处去体会他的感受，去了解他的生活方式，这样才能与对方进入更深层次的交流。我们只有抓住了对方的心理，才能与对方慢慢地建立共情关系。只有这样，我们才能准确地抓住对方的心理诉求，进而说服对方。

● 先拿到说服的敲门砖

在中国的四大名著《三国演义》中，发生了这样的一个故事。庞统正准备效力东吴，要面见孙权。可是孙权见庞统相貌丑陋，傲慢不羁，于是就将其拒之门外。

无论鲁肃怎样好言相劝，孙权还是没有接受。那么为什么会这样呢？是庞统无能，还是孙权根本就不需要帮手呢？原因是庞统没给孙权留下一个良好的第一印象。所以说不管在生活中还是在工作或者面试中，都要给别人留下一个良好的第一印象。

说服的敲门砖，就是指在与对方第一次接触的时候，给对方留下良好的第一印象。心理学上说给别人留下第一印象不好的人，在这一生中可能会错失很多机会。这也就是心理学中的首因效应。

首因效应，它一般指人们之间在首次接触的时候各自对交往对象的直觉判断和归因判断。在人际交往中，首因效应起着十分重要的作用。在现实生活中，因为在首因效应的作用下形成的第一印象常常左右着人们对一个人日后的看法，所以一旦第一印象已经形成，就不容易改变。就像某位明星所说的：你第一次参加一个节目，你穿得很正，那么你正一天，在别人的心目中你就正一年。这就是人际交往中的"第一眼的美丽"。

在我们日常交往过程中，特别是初次交往时，要注意给对方留下美好的印象。首先，要注重仪表风度，每一个人都愿意同衣着干净整齐、落落大方的人接触和交往。

其次，要注意言谈举止，不卑不亢，举止优雅，只有这样才会给人留下一个良好的印象。这就教我们在和别人初次交往的时候一定要学会好好地修饰自己。从一个人的外表、语言到这个人内在的素质。我们都要给人一种愉悦的感觉，只有这样才会有人愿意和你交往，甚至你还会被他人主动地邀请。

曾经有一个叫彼尔德的年轻人，当他面试成功后，去公司上班的第一天，公司按照惯例会带着新员工去走一下各个部门，认识一下周围的同事。当他走进公关经理的办公室的时候，副经理戴伊与生俱来的那种干脆利落的工作作风和风度翩翩的外表，以及对彼尔德的热情，深深地吸引了他，给彼尔德留下了一个特别美好的印象。

之后，戴伊还给彼尔德介绍了公司内部各个部门的情况以及工作特点。彼尔德对此感激不尽。在他的心里，认定了戴伊是一个值得交往的朋友。当彼尔德来到另一间办公室的时候，办公室坐着劳德鲁工程师，他脸色暗沉，手里正忙着设计，没有时间同彼尔德打招呼，彼尔德在心里就想这个人肯定是一个呆板、冷酷且无情的人。在之后的工作当中，他就以这个尺度来衡量周围的同事。

交往的过程中，给人留下一个良好的第一印象，在以后的工作和生活中对你还是很有帮助的。如果你在第一次交往中给别人留下了一个好印象，别人就会乐于跟你进行第二次交往；相反，如果你在第一次交际中表现不佳或很差，往往很难挽回。所以给人留下一个好的第一印象，是说服他人的关键。

事实上当人们对你形成第一印象之后，日后人们就很难改变这种印象，而且人们还会寻找更多的理由去支持这种印象。虽然你以后的表现并不符合原先留给别人的印象，但是人们会在很长的时间里坚持最初对你的评价。

美国心理学家洛钦斯在1957年进行过一次有关首因效应的实验。他设计了四篇不同的短文，分别描述一位叫作吉姆的小伙子。第一篇把他描述成一个活泼开朗的人；第二篇前半部分把他描述得很好，后半部分则说他孤僻而且不友好；第三篇前半段说他孤僻不友好，后半段说他开朗友好；而第四篇文章全篇描述了吉姆的孤僻不友好。洛钦斯请四组被试者分别读这四篇文章，然后再去评估吉姆是否友好。

结果显示，篇幅的前后安排是很重要的。开朗友好在前的，孤僻不友好在后的，评估吉姆友好的占78%；孤僻不友好在前，开朗友好在后，评估吉姆为友好者仅为18%，从这个实验可以得知，首因效应在现实生活中表现得极为明显。

生活中，首因效应对人的影响很大，它虽然能给人留下美好的印象，但是随着岁月的流逝，如果没有良好的修养，给人留下的美好的印象慢慢就会淡化。

第一印象固然重要，但每个人的内心素养也是同样重要的。我们不要做一个空洞而没有内涵的花瓶，我们只有学会不断提高自己的修养，培养自身的素质。不管在任何时候，我们都要举止优雅、大方得体，都要给别人留下一个美好的印象进而说服对方。

❀ **说服要点**

给对方留下一个好的印象是说服别人的钥匙。如何能够给别人留下一个良好的印象呢？这就需要我们在平时努力修炼自己的素质与内涵。

● 选择合适的着装

我们常常会从一个人的穿衣风格这个角度去评判这个人的身份和地位。古人常说：人靠衣装马靠鞍。一个人的衣冠不仅可以表现出他的精神气质，更能显示他的身份以及品位。从一个人的衣冠风格，我们不仅能看出他对人的态度，也能从衣冠上看出他的心理活动。

有关人士指出："人们往往会把80%到90%的注意力放在对方的着装上面，他们会从着装上发现语言上没有泄露出来的秘密。"生活中我们常常把那些不注重打理衣冠的人，看成是那些对生活不尊重的人，而这类人注定不会受到大多数人们的欢迎。

就像英国的有一句谚语："衣冠楚楚是最好的介绍信。"当你和对方见面的时候，你们会对彼此产生第一印象。在第一印象中，一个人的外表和着装会直接影响到对方的视觉感官，它会令对方产生最直接的视觉心理。人们经常说：衣冠决定印象，印象决定成败。衣冠给人们传达出一种最直观的视觉效果，当你看到这个人的衣冠后，你就会在第一时间对这个人有一个大致的印象。

对于人们来说，衣冠传递信息的速度要比讲话更快，也比讲话更为完整。生活中的我们都会因为对别人的第一印象而去评价这个人的好坏，所以说第一印象对任何人都是起着决定性的作用。一个人衣着的品位高雅、端庄整洁会在第一时间压倒对方。

其实有很多的生活案例都能说明衣冠对一个人的重要性。很多人都喜欢用着装来吸引对方的好感，并且以此来震慑对方，这是一种很好的说服方法，胜过那些动听的语言。

当你要和你爱的人去约会的时候，你会精心地打扮一下自己，有时候你还会为自己穿衣的某个细节而纠结大半天。当你要去参加聚会、面试、婚礼、谈判等一些重要的场合，此时你也会非常讲究自己的着装，甚至会花费大部分的精力。

在美国的历史上，富兰克林曾因为自己的着装，成功地说服了法国一起来抵抗英国，让美国人民摆脱了英国殖民者的统治。

事情发生在美国独立战争时期，为了游说法国国王做自己的盟友，一起抵抗英国的殖民统治。当时美国派遣还在任第一大使的本杰明·富兰克林出使法国。当时这个想法才刚开始实施，这个政治任务也才处于初创阶段，而且对于势单力薄的美国人来说无疑是一件很困难的事情。因为当时，英国的海军实力是很强大的，任何一个国家都不愿意成为强大国家的敌人。

当富兰克林到达法国后，他所做的第一件事是首先把自己从头到脚包装了一番，他戴上了假发，在脸上打了很厚的粉底，之后穿上了法国民族服装，而且他还雇上一辆法式马车在大街上溜达。他完全按照法国贵族的装扮来打扮自己。没过多久这件事情就传到了法国国王的耳朵里，但是国王没有见他。

第二年，美国派出了第二任大使约翰·亚当斯出使法国，他一反富兰克林模仿法国形象的做法，以一个标准的美国人形象在法国工作。

后来，美国再次派遣亚当斯去法国进行谈判。但是法国官员却一直不满亚当斯当时的形象，认为他缺乏充分的适应能力，并且对他以前在法国的那段时期的表现很不满，因此亚当斯吃了闭门羹，回美国了。

美国人因此判断出法国人喜欢富兰克林，于是派遣富兰克林再次访问法国。法国人为什么喜欢富兰克林而不喜欢亚当斯呢？这是因为富兰克林非常熟悉和尊重法国的文化，也许正是因为如此，在这次的交谈中，美法双方很快达成了共识。最后，美国获得法国的支持和援助，彻底摆脱了英国殖民统治。

可见，衣着在说服的过程中起着非常关键的作用。在当今社会上，所谓的精英们总会把衣着当作一个说服技巧，例如法国的前总理巴尔曾经特意让人给他拍摄一张照片：照片的背景是一个蓝色的海岸，总理巴尔身着短裤，手提菜篮。这张照片的目的旨在向大部分中产阶级宣扬自己对他们的关心，体现了法国总理亲民的一面。

虽然人们都知道这只是一场政治秀，但是人们心里对于总理巴尔的敬佩还是油然而生。人们还是会从心底里支持和服从这样的一位领导。但是生活中因为衣冠遭遇尴尬场景的也大有人在。不合礼节，不符场合的行为也会让一个人的形象大打折扣，并且在人们看来这是一种对对方的不礼貌。

而在美国历史上，还曾经有用不恰当的着装来达到羞辱对方的目的，最著名的就是美国著名军事家、陆军五星上将麦克阿瑟将军在一次会见日本天皇时的着装。

我们都知道领带是一个男士着装的灵魂所在，当1945年美军登陆日本，美国统帅麦克阿瑟身穿西装会见日本天皇的时候，竟然没有系领带。他的这一着装，在日本朝野引起了一片哗然。日本好多官员指责美国对日本天皇的不敬。

衣冠表达的内容很丰富。人们经常用技巧来说服对方。如果你能将这个法则运用恰当，你就可以达到自己的目的，又可以不会过度地将自我情绪暴露给他人。

相反，不恰当的着装则会暴露出一个人的无知和浅薄，同时还会削弱自身的气场，也会让你的语言缺乏说服力。这就无法说服他人，让他人对你做到心悦诚服。

在正式的场合下，尤其是那些高端的会面和政治场合下，衣冠都有着举足轻重的作用。每一个精英都很注重自己的衣冠，他们还会利用衣冠来说话，从而实现自己的目的。这也可以说是说服技巧中的绝技。

❀　**说服要点**

生活中，当你从一个人的衣冠上掌握了对方的心理倾向后，就可以采取相应的措施，达到说服对方的目的。

● 了解对方的性格特征

想要为你的说服打一场漂亮的硬仗，你就要事先为这场说服做好准备。在销售中，想要说服客户购买你的商品的时候，一般情况下，你要先与客户进行沟通，去了解这位顾客的需求，以及他的兴趣和爱好。其实，不仅仅是在销售中，在生活中的各个方面，与人进行沟通时，我们都要学会了解和判断对方的性格特征，找到与对方的契合处，作为切入点，进而说服对方。

楚庄王很爱马，他给自己的马披上绸缎，还让他们吃枣泥，让马享受和大臣一样的待遇。这些马养尊处优，缺乏运动，结果一匹马因为吃得太肥死掉了，楚庄王伤心至极，他准备以大臣的规格为这匹马举行隆重的葬礼。大臣们纷纷劝他不要那样做，楚庄王发怒了，说："谁再劝我，我就让他给马陪葬。"

宫廷艺人优孟是个很有智慧的人，听说这件事后，他没有像其他大臣一样劝楚庄王，而是大哭着叩见楚庄王。楚庄王问他为何事哭得那么伤心，他说："人们都知道大王把马看得比任何人都高贵。现在大王的马死了，用大臣的规格埋葬实在太轻了，应该用国君的规格。"

楚庄王问他该如何安排葬礼，他说："依我看，应该为马雕制一具美玉棺材，再调动大军，发动全城百姓，为马建造一座华丽的坟墓。到出丧那天，要让齐、赵、韩、魏的使节护送灵柩。然后，还要追封死去的马为万户侯，为它建造庄严的祠庙，让马的灵魂长年接受供奉。这样，天下人才会知道，大王您是真正爱马的。"

楚庄王顿时明白过来，并惭愧地说："我怎么能这样重马轻人呢？看来我的过错真是不小啊！"此后楚庄王改变了原来爱马的方式，将马匹悉数交给将士们使用，这样马也被锻炼得矫健起来。

在说服楚庄王之前，优孟仔细了解了楚庄王这个人，他知道楚庄王是一个明事理的人，但是他也知道，楚庄王身为国君，一定不喜欢别人当面指出他的过错。况且，楚庄王爱马已经到了痴迷的境界，别人的直言劝说怎么会管用呢？所以，优孟想到了一个反其道而行之的方法来说服楚庄王，最终达到了说服的目的。

由此可见，在说服一个人之前，一定要摸清楚被说服者的性格特征，如果对方是一个固执己见的人，就不宜采用直接的说服方式，而要另辟蹊径，采取相反的方式来说服对方。

在生活中，每个人都是有着独立个性和特质的人，对于不同的人，我们要学会用不同的方式对待。如果你想要成功说服对方，那么你一定要对被说服者有一定的了解，这样才能掌握合适的方法，成功说服对方。

在现实生活中，观察一个人性格特征的方式有很多种，其中较易识别的方式有如下几种：

那些整天对别人的事情指手画脚的人，大都希望自己的表现得到他人的肯定和表扬，这类人总是会将自己放在第一位，他们需要这种"自以为是"的行为方式，将自己的意愿强加给别人。

那些整天无休止抱怨的人，对现实世界非常不满，并且希望得到他人的认同。这类人在生活中多半意志消沉，总是希望别人能拉自己一把，因此，他们在寻找"精神上的同盟者"。

那些总是觉得自己对别人有所亏欠的人，往往追求完美，希望满足所有人的要求。这类人总是疲于奔命，永远在为那些"不可能完成的任务"而辛勤努力。

当我们了解了这些人的性格特征后，便可以采用与之相应的不触犯对方心理的方式来说服对方。

有一位中学老师担任班主任时所管理的班级是出了名的差班。一次，正好赶上学校安排各班级学生参加平整操场的劳动。全班的学生躲在阴凉处，谁也不肯干活儿，老师怎么说都不起作用。

这个老师早已摸透了学生们贪玩享乐的性格，知道他们是因为怕热才躲在阴凉处的，于是就对他们说："我知道你们并不是怕干活儿，而是都很怕热吧？"学生们谁也不愿说自己懒惰，便七嘴八舌说，确实是因为天气太热了。老师说："既然是这样，我们就等太阳下山再干活儿，现在我们可以痛痛快快地玩一玩。"学生一听就高兴了。老师为了使气氛更热烈一些，还买了几十个雪糕让大家解暑。在说说笑笑的玩乐中，学生接受了老师的说服，不等太阳落山就开始愉快地劳动了。

从这个故事中可看出，这位中学老师是非常聪明的，面对差生，他没有"霸王硬上弓"，而是从学生们的爱玩天性出发，给他们放了个小假，满足他们"想玩"的想法，去感化他们，让他们的感恩情绪受到感染，接着他们就会自动自发地去干活儿了。

所以，为了说服他人，我们一定要多多了解被说服对象的性格特点，根据对方的性格，了解对方的心理，进而满足对方的需求，达到成功说服对方的目的。

❀ 说服要点

在说服别人之前，我们要学会把握对方的性格特征，了解对方的心理特点，摸清对方的感受，只有这样我们才能够进行有效地沟通和交流，进而成功地说服对方。

● 选择一个合适的场所说服对方

选择一个合适的场所可以让你的说服得到事半功倍的效果。首先场所要选的恰当，在这个场所中要具有说服他人的力量或者事物。比如你想要对你心爱的女孩告白，除了必要的玫瑰和戒指之外，还要选一个优雅的，或者具有特殊意义的场所。所以在男生向女生表白的时候，如果没有一个好的场所作陪衬的话，恐怕两个人牵手的概率会大大地减小。

一个人在社会上生存，我们不得不得学会戴上面具生活。时间长了，我们就会形成一种在什么样的场合戴什么面具的习惯。就比如生活中的大部分人，他们在上班的时候都是一本正经，但是回到家后，就会呈现出来一种很随意的状态。有时候，我们在说服对方的时候也可以运用这一点，在对方比较随和的时候说服对方。因为在这个时候，对方的心情一般是比较轻松、愉快的。一般人们在舒适的场所，比如娱乐场、餐厅以及家中等这些没有压力的场所，大部分人都不会表现得过于严肃，在这种气氛和悦的时候说服对方，说服成功的可能性会比较大一点。所以说服的高手还要学会选择说服的场所。

在我国历史上，唐伯虎因为不小心外露了武功，母亲选择在祠堂中对其进行责罚和规劝。

明朝宁王图谋造反，想要收揽天下英才。有一天，当唐伯虎正在兴致勃勃吃鸡腿的时候，宁王府派人过来请唐伯虎去宁王府做参谋。唐伯虎的母亲不想让儿子身陷狼窝，就以小儿身患重病推脱。宁王府的人不肯轻易善罢甘休，说："怎么会这么巧，我们王爷请的人怎么都有病了，不过幸好我们王爷聪明，早就料到你们会有此一招，于是让我把御医给带来了，我们去给他看病吧！"

还没等唐伯虎的母亲回过神来，一行人就已经进入唐伯虎的屋内，一看唐伯虎在大吃鸡翅，就对唐伯虎的母亲说："你不是说他病得很厉害吗？病得这么厉害，怎么还会有心情去吃鸡翅呢？"唐伯虎回答道："因为我快升天了，现在不吃以后就没有机会吃了。""快死的人还有这么好的元气，真是少见，御医，你去给唐伯虎把把脉，看看到底有多严重？"宁王府的使者说道。御医给唐伯虎把脉，看他的脉象平稳，并无什么大碍。于是正准备起身转告使者，这时唐伯虎用气功改变了脉象，御医大惊："我从来没看到过这么乱的脉象！"御医遗憾地对唐伯虎的家人说，"你们准备后事吧！唐伯虎，我们就先告辞了。"

待宁王府的人走后，唐伯虎的母亲把他带到祠堂，让他跪下，说："畜生，跪下，你记不记得你曾经在你爹的灵前发过誓，说不会泄露你会武功的秘密的，今天你为什么要破戒？"唐伯虎说："我记得，不过刚才形势危急，我只是用内力稍微改变了一下自己的脉象而已。"唐伯虎的母亲说："我这样做也是为了你好，万一哪天让唐家的仇人发现你是霸王枪的传人，你很快会有杀身之祸的。"

在这个故事中，唐伯虎的母亲为什么会选择在祠堂对他进行教育呢？因为唐伯虎曾在这个祠堂中，对他死去的父亲发过誓——今后不会轻易泄露武功的。这个祠堂对他有着特殊的意义。由此可见，选择合适的场所说服对方，可以减少说服的时间。

一般情况下，我们在说服对方时，对方总会很容易接受外界条件的影响和支配。一旦我们受到外界条件的影响或者刺激，就会分心。所以说在选择说服场所的时候，容易分心的场所是不适合进行较为复杂的谈话的。

那么什么样的场所适合进行说服呢？当然这要根据你要谈判的内容以及这场说服所要用的时间来定。如果想要在谈判交涉中取得胜利的话，那么你就要选择一个中式的餐馆。根据环境心理学家奥兹蒙德博士和心理学家索马斯和罗斯的吊车研究发现：圆桌能够让一个人的心情变得比较平静。单从形状上来讲，圆桌由于是圆的，会让人的心理变得比较圆滑。而方桌还有那些成排的椅子则会让人的心理变得硬直。众所周知，中餐馆注重的是阖家团圆，所以一般在中式餐馆中大部分的桌子都是圆的，适合谈判和交涉。在这样的情景下，更适合说服他人。

其次，在一个场所中，如果有音乐渲染的话，会让对方失去正常的判断能力。谈判中，如果你能有效地使用音乐，会让说服变得轻松很多。人类的心灵常常会被音乐所左右，因此我们可以利用音乐的效果，在谈判的时候将有利的一面引向自己。因此当我们决定说服他人的时候，要尽量选择对自己有利的场所。心理学家伽利西奥和亨德里克也曾对此进行过一次实验，实验结果显示：懂得运用音乐进行说服的人，对方会更容易接受你的观点。

同时要注意对说服时间的选择，我们要选择一个恰当的时间点来说服他人。对于大部分人来说傍晚时分是说服一个人最恰当的时候，因为在这个时候，大部分人的心情较为放松。就算当时你论述得不是太过充足，你说服成功的概率也是很高的。

❀ 说服要点

仅靠嘴皮子进行说服的时代已经过去了，我们要学会巧妙地运用场所、时间、音乐，对对方进行说服，提高说服的胜算。

● 为劝说营造一种愉悦的氛围

在说服过程中，想要营造出一种愉悦的氛围，最重要的是要会关心别人，体谅别人，并且要尊重别人。关心是拉动彼此之间距离的重要方法。比方说你身处领导职位，就要学会经营与员工之间的关系，营造温馨和谐的氛围。如果你希望你的员工能够有一个积极向上的工作态度，那么在平时的工作中，你就要懂得关心和鼓励员工，好让他们以一种饱满的热情投入到工作里面，只有这样，才能够提高工作效率。当然，对于他们在工作中的不足，你也要提出你的看法。

生活中，只有营造了一种良好和愉悦的谈话氛围，才可以让双方的心理更容易沟通。有一位著名的销售大师讲过这样的一句话："在销售任何产品之前，首先销售的是你自己这个人。"如果想要促成这笔交易，你就要学会弱化商业氛围，学会站在别人的立场上考虑问题，让客户感觉他是在和一个老朋友或者是家人交谈，这样会更加有利于彼此之间的友好沟通。

生活中，有能力的人常常会把一些尴尬的场面巧妙地转化成一种和谐的氛围，让大家感到都很开心。在这种氛围下，大家的心情也会变得比较轻松。

维米尔在一家服装店做营业员的时候，有一天，一位女顾客拿来之前在店里买过的一件衣服要求退。她说这件衣服质量有问题，其实是因为她不是特别喜欢这个款式。但这件衣服交到维米尔手里的时候，维米尔发现这件衣服已经被顾客穿过了，并且还有明显洗涤过的痕迹，但是这位女顾客不会承认。聪明的维米尔没有马上去和顾客去争辩，而是给顾客举了一个例子，她说："这也许是一个误会，我们店里曾经也发生过这样的事情，一位顾客把买回去的衣服随便地扔在了床上，而她的母亲以为这是脏衣服，就在洗衣服的时候随手把它扔进了洗衣机里。但是她不知道。于是她就拿着这件衣服到我们店里要求退货，当时我们指出了这件衣服已经被洗过了，她不相信。回家后她把这件事告诉了她的妈妈，才知道其中发生了一点小误会。最后她亲自到我们店里给我道歉。我想我们是做服装生意的，对这些东西都是比较熟悉的，你可以把它跟店里的衣服比一比，我想有可能它是被你的家人洗过了，但是你却不知道。这有可能是一个误会。"女顾客听后感觉没有什么好说的，就随便应和了句："或许是我丈夫把它当作脏衣服给洗过了，我回去问一下吧。"说完就走了。

在这件事情上，维米尔如果一直和女顾客纠缠的话，结局是避免不了一场争吵。这样给客户一个面子，营造出一种很愉悦的氛围，能让顾客平静地面对自己的错误。人们如果在一个令人感到愉快的场所工作，可以提高一个人的工作效率。那么怎样的工作氛围算是良好的工作氛围呢？它应该是自由、真诚和平等的，在工作中你们可以一起实现人生的价值。

一种愉悦的氛围，是通过人与人之间不断地交流和沟通逐渐形成的。只有营造一种良好的沟通的氛围，你的劝说才会起到出人意料的作用。因为好的氛围可以对你的劝说起到渲染的作用。为了使我们的沟通和交流能够顺利进行，营造一个轻松自由的沟通环境是很重要的。在良好的氛围下，人们更容易获得尊重，也更容易获得支持和关注。

每个人都希望得到别人的认可和赞同。下面这个故事中，他们也同样渴望获得尊重，并且希望在一个好的氛围里说服对方。

基梅尔在纽约市拥有大约60个停车场。罗斯希望能够使用基梅尔的停车场出租汽车，租车的客户可以免费使用他的停车场，而罗斯将给基梅尔租车费的提成。在谈判开始前，罗斯先对他进行了了解，知道他是一个赛马迷。罗斯去基梅尔的办公室进行谈判，看到办公室的墙上挂着一张照片，照片上是一匹马站在大规模的马赛冠军组中。他故意惊讶地喊道："这场比赛的2号马是莫缔·罗森塔尔。"和谐的气氛立刻在他们之间弥漫。正因为如此，他们很愉快地交流起来，在以后的合作中，他们还一起进行了一次成功的风险投资。

那么我们怎么才能营造这种氛围呢？在刚开始见面，还未说话之前，我们应该以微笑的姿态来面对对方，或者你可以以一句简单的问候来开始今天的谈话。记得要懂得尊重他人，并且还要懂礼貌。

在说服他人的过程中，我们一定要拥有真诚的态度，感情要真挚；在说服之前要了解到对方感兴趣的话题，或者喜好的事物等。同时在说服的过程中，我们要学会站在对方的角度上去考虑问题。只有这样与对方沟通才能取得彼此之间的相互信任，才能让我们的说服继续往下进行。

当对方处于低谷状态时，我们要学会给予鼓励支持，给予他关心。只有这样才能打开对方的心扉。根据马斯洛的需求层次论，被尊重和实现自我的目标是人们的追求。

戴尔·卡耐基曾经说过："当我们想要改变别人的时候，为什么不用赞美来代替责备呢？"纵然对方只有一点点的进步，我们也应该赞美他，因为，只有不断激励别人，才能不断地改进自我。

❀ 说服要点

　　要想营造一个愉悦的沟通氛围，就要从学会对对方微笑开始，先要营造出一种轻松自由的氛围，只有有了一个愉快的谈话环境，才会让彼此的交流和沟通变得更加简单和轻松，才会让说服变得容易。

Chapter 3 / ● **传播和灌输你的价值观**

> 说服别人，一定要懂得从情感的角度出发，
> 要懂得与他人建立情感层面的关系，这样的话，
> 你既可以通晓事理，又可以说服他人，还可以获
> 得别人的尊敬以及真心的服从。当一个人的心被
> 打动的时候，他的想法就会改变。

● 要想让别人信服，先让自己信服

生活中，如果你想要说服他人，你必须要对这个论据具有充分的信心。也就是说在这件事情上，你必须坚定不移地坚持你的观点，给自己足够的信心，才有可能成功说服他人。

如果你对你自己的观点都摇摆不定的话，又何谈说服别人呢？可能还没等你说服对方，对方就已经把你说服了。在现实生活中有很多这样的例子。比如销售人员在销售他的产品的时候，当他们在与顾客进行交流、介绍这种产品的时候，首先他们要对自己的产品有信心，要相信自己的产品是值得人们去购买的，只有这样才能在推销的时候底气十足。

这和演员在拍电视剧或者拍电影的情况是相似的。如果你想把一个角色演得绘声绘色，你就必须要了解这个角色当时所处的环境以及当时的心情，要懂得身临其境地去体会这个角色，想象剧情真的就发生在自己身上。只有这样，演员在表演的时候才能将观众带到一个逼真的情景中。这告诉我们，要想让对方接受我们的观点，首先让自己彻底地认同这件事情，就算对方怎样怀疑你，你都不能动摇。

如果你想要成功地说服他人，你必须要具备坚定的信念，同时在与他交流的时候，充满信心。如果你没有信心，你就不能说服对方，

一年一度的高考刚刚结束，各位家长就忙着给自己的孩子填报志愿。在广西的赵晓发了愁了，虽然高考她考了一个不错的成绩，可在选报专业的时候，她的意见和妈妈的意见出现了分歧。

她的妈妈一直想让她学工程管理专业，但是赵晓却对对外经济和贸易情有独钟。赵晓的妈妈为了知道什么专业最好找工作，什么专业最热门，花尽了心思和精力，终于打听出来工程管理专业最吃香，所以一直想让孩子报这个专业。

母女两个为了此事争执了很久。赵晓说："我最喜欢英语，希望将来的工作能与英语方面有关，所以我觉得对外经济与贸易最适合我了。而你说的工程管理专业，将来工作的地方可能是在工地，这对于一个女孩子来说多不安全啊！再说这种生活也不是我想要的。"而赵晓的妈妈反驳说："做建筑管理的女孩子多得是，我觉得挺好的。你学了那个对外经济贸易，将来不是要去外地出差吗？"

报志愿的时间眼看马上就要截止了，赵晓想：我一定要说服妈妈，让她同意我报这个专业。她在网上找了关于对外贸易专业的发展前途，最后决定再找妈妈商量商量。她对妈妈说："妈妈，我知道你是为我好，怕我离家太远，可是你的女儿真的想走出去看看，想去外面锻炼锻炼，再说对外贸易只是与外国做生意，只是偶尔会出国出差，你真的不用担心。"听完女儿的话，妈妈也想：既然女儿这么想学，我这个做家长的也不能一直阻挠，女儿只要快乐，选哪个专业都一样。

　　赵晓为了说服她妈妈，为了坚持自己的选择，在网上找了一些有说服力的论据，让自己有信心。为了让妈妈信服，她首先让自己有信心，然后向妈妈介绍她报的这个专业所具有的优势，最后妈妈静下心来好好地考虑这件事情之后，同意了赵晓的意见。最终，赵晓如愿以偿，成功地说服妈妈，报考了自己喜欢的专业。

　　有句古话说得好："你相信什么，你就会是什么，你就会过上怎样的生活。"我们相信什么，才会去这么做，而做出来的结果，也会证明我们的判断是正确的。

　　马云相信他自己的看法，所以按照自己的去做了，而结果也恰恰证明了他的看法是对的，所以他才会在演讲中讲得足够吸引人。就像马云自己说的那样："很多人说的话全是对的，但是他们不相信，我自己讲的东西可能全是错的，但我自己很相信。"

　　要想感染别人，先得自己有自信。就像你在推销一件东西时，只有对产品足够了解，足够相信，在向别人阐述它的时候，你才有足够的热情，而只有这种饱满的热情最具感染力，也才最能使别人信服。如果自己都不能说服自己，那么你就注定无法征服你的听众。

　　现实中，当你想要用自己的话去激励别人，去让别人信服之前，一定要问问自己的内心，你是否相信你所说的这些话？如果连你自己都不相信，你怎么能够奢望你的听众领悟或者懂得呢？

　　只有自己真的相信，才能让别人相信。无论何时，我们都要有一份责任感，只有自己相信，自己亲身实践证明了的东西，再去讲给别人听。否则，你说的话只会是空话、套话，激不起任何浪花。而你自己，也将会失去别人对你的信任。

当你在生活中，遇到和你意见不一致的人，想要让别人信服你的时候，记得先让自己信服，再去让他人信服。

🌸 说服要点

想要成功地说服别人，想要让别人信服你的观点，首先要让自己信服，自己需要对这件事情有底气，才能让对方信服。

● 精彩的演讲，使人对你产生幻想

演讲是指在公众场所，以有声语言为主要手段，以体态语言为辅助手段，针对某个具体问题，鲜明、完整地发表自己的见解和主张，阐明事理或抒发情感，进行宣传鼓动的一种语言交际活动。除了向听众传播和灌输自己的价值观外，演讲的另外一个目的是让自己的观点得到他人的信服。

从这种意义上来看，演讲的目的是为了说服别人改变他们的感受、观念，从而做出我们所期许的一些行动。比如：政治领袖的演讲是要说服群众，以便获得群众的支持和拥护，获得他们的投票；而企业领导者的演讲则是要说服员工接受他的指示，听从他的领导与安排。这都属于说服性的演讲。

那么，说服性的演讲如何才具有说服力呢？首先，精彩的演讲要有一个精彩的开场白，只有这样，才会增强说服效果。一位出色的演讲者，可以调动自身的情绪，用充满激情的语言开讲，调动现场气氛，使现场的气氛变得活跃、融洽，从而让周围的人对自己产生幻想。

演讲的控制权掌握在演讲者手中，演讲者是控制这场演讲气氛的关键性人物。好的演讲就能很好地达到说服对方的目的，这就要求演讲者在演讲过程中要能够充分调动观众的情绪，吸引观众的目光。著名演讲家李燕杰在《演讲美学》中写过这样的一句话："一次演讲怎样达到精彩之处，这需要演讲者在感情上一步一步地抓住听众，使听众的内心激情逐渐地燃烧起来，演讲将自然地被推向高潮。"

当然演讲者就是以情来抓住观众的心。那么怎样才能让观众对你的演讲更加感兴趣呢？首先，演讲者要能够恰当地运用一些能刺激听众的情感、意志以及经验的兴奋点。这样演讲者就可以张弛有度，轻松自如地掌控整个演讲现场的气氛，能够积极有效地与现场的观众进行交流与沟通，把他们自己的思想传递给听众，并获得他们积极的响应。

说服性的演讲还要具有丰富生动的演讲内容。演讲者在讲述故事的时候，语调要抑扬顿挫，要让听众听到故事中的波澜起伏，这样的演讲就能不断调动现场的气氛，让听众都可以全神贯注地倾听进去。

真正出色的演讲者善于抓住人心，他们会用最生动的语言和最富有哲理性的故事和话语，让听众瞬间为他们的观点折服。马云就是一个非常善于用精彩的演讲来说服他人的人。

2010年9月10日~11日，第七届网商大会在杭州市"浙江省人民大会堂"召开，马云在闭幕式上发表演讲。在现场的提问和回答环节，当一位网商在问到企业发展空间受到限制，对未来感到迷茫时该如何对待和解决的问题时，马云说了这样一段话：

"工作本身是没有意义的，是你赋予了它的意义。同样是在唐人街造房子，有的人说我在堆砖头，有的人说外交部哪个窗户、哪个墙是我建的，特别骄傲，工作的意义是自己给的。今天早上我还和同事讲，即使开一个馄饨店我都高兴，我就是不加味精，就是让客户爽。开面店的人去和盖茨比谁有钱，你基本要虚脱掉。但在这个行业里，你发现其他人都死掉了，我还活着，而且我在不断地创新，我又从里面找到乐趣。在座所有的创业者，我的建议是你做任何事不要因为钱，而是因为热爱，因为激情，因为你真正好这口，那你一定幸福。"

其实，每个人都有自己的局限，关键是怎么看待自己。心里无局限，心里是开阔的，无论做什么事情都会开心快乐。在许多人看来，企业家总是给人一种庄严肃穆的感觉，但是我们从马云的演讲中，看到的却是一位满脸笑容、心态乐观、快乐做生意的企业家。马云用浅显易懂的话语讲出了令人深为折服的道理，说服了在场的每一个人。

生活中，我们需要那些充满斗志昂扬的话语来说服、鼓励我们不断向前。听众也一样，他们需要这些话语。他们讨厌那些卖弄、炫耀和一些以自我为中心的演讲。所以，我们要学会用一种平和的心态和听众在一个立场上。只有这样，才能博取听众的喜欢，从而获得对方的信任。

在演讲中如果你能有一个激起听众好奇心的话题，来吸引对方的注意，才能更好地说服听众。比如常常发生在我们身边的奇闻异事、世界趣闻等，这些都能够激起听众的好奇心。当然这些充满娱乐性的话题，总是能很快赢得现场观众的笑声。所以在演讲时，我们也可以融入一些这样幽默、风趣的笑话在里面，使场面更加生动活泼，才能让听众听从你的观点。

中国现代作家老舍先生曾在一次演讲中这样讲道："听了同志们发言，得到很大好处，可惜前两次没来，损失不小……今天来的都是专家，我很怕说话，只好乱谈吧。"老舍先生以坦诚的口吻做开场白，给人一种很亲近的感觉，拉近了演讲者和听众之间的距离，同时也有效地消除了听众和名人之间的隔阂感。老舍获得了现场观众的一致好感，让现场的气氛变得更加和谐、融洽，为自己的说服营造了一种愉悦的氛围，为说服暖场。

✿ 说服要点

　　在演讲的时候，要选择那些可以让听众充满优越感的话题。在演讲之前可以先对听众的兴趣、爱好做一个大致的了解，掌握听众的基本情况，有目的性地进行演讲。多讲一点听众感兴趣的话题，让你的演讲和听众的心灵的需求融合到一起，你才能成功地说服听众。

● 植入理念，给予理性的梦想

我们都知道，一辆汽车的行驶过程，不仅仅是由它本身的质量来决定，更重要的是在于驾驶它的人。只有你给对方植入一个正确的理念，让别人认可你，你才能轻易地说服对方。

人们常说："理性的思维成就梦想。"每个人都会伴随着梦想长大。我们都是生活在自己的世界里，只有植入理性的梦想，才不至于让我们在纸醉金迷的红尘中迷失了自己，才不至于在大海中迷失方向。

一个人从小到大所接受的学校教育和家庭理念熏陶，对一个人思维的影响是巨大的。只有我们拥有一个积极向上的理念，我们才可以在这个理念之上去追求我们的梦想。当然在追求梦想的时候，我们要理性地追求梦想。拥有一个理性的梦想可以让我们在人生之路上更加踏实地走下去。所以，对一个人的早期教育非常重要，给对方一个理性的梦想，可以让他在未来的日子里少走弯路。

当然，如果你在生活中是一个善于制造梦想的家伙，那么恭喜你，你已经在这个世界上成功了一大半了！

比如，你跟一个对生活毫无希望的人说："跟着我，你将成就一份属于你自己的事业，实现你的价值，从而让你得到一个更加完美的人生。"他们也会对这个希望产生强烈的期望，他们会希望能够在你的带领下，共同完成这个目标。

在一个企业中，必须有可以支撑这个企业继续发展下去的经营理念。只有这样，公司的员工才更愿意跟随着公司的领导人一起共同努力。如果他们拥有了共同的理念，就会一心一意地朝着这个目标奋斗。他们会支持这个人的一切决定。

刚从创业阴影中走出来的李峰，如今在一家报社过着朝九晚五的白领生活。回忆起自己当初的创业经历，他只是平静地笑笑，简单地说：生活不容易，生活中太多的问题导致了创业的失败。

在李峰刚从河南财经政法大学毕业的时候，在一家事业单位从事文字工作。但是这种生活并没有让他感觉到快乐，千篇一律的生活让他感觉到有些枯燥。正想换工作的他，遇到了一个朋友，这个朋友想开一家策划公司，因此两个人一拍即合。

第二年，他不顾朋友和家人的反对，辞掉工作，带着半年多工作所得来的积蓄来到郑州，在陇海路的一个写字楼上租了一间80多平方米的房子，购买了简单的办公用具之后，公司就这样开张了。他们把公司的名称定为红顶策划有限公司，公司的主要业务是品牌策划、品牌设计、样本设计等一系列与设计有关的东西。但是他们两个人在大学时，一个学的是营销，一个学的是管理。他们都没有接触到广告这方面的东西。要说谈生意，两个人都是高手，但是要是做设计，两个人都只是略懂皮毛而已。

公司刚成立三天，就有客户过来想要公司为他们做网站。尽管第一笔的业务是合伙人的老客户给的，他们的内心仍然是非常开心和激动的。但是他两个人都不会做网站。没有办法只好请朋友公司的人来做，然后从两万佣金中抽出60%给对方。就这样，第一个月的佣金就这样轻易地到账了。

获得第一桶金的两个人都是兴奋不已，然后他们又利用以前的人脉接连接到了两三单大生意，事业做得如鱼得水。但是到了第二个月，这种公司的弊端就不断地浮现水面。例如客户把网站的问题反映给公司的时候，公司没有专门做设计的，所以只能反馈给代做人，代做人因为兼职不能立即处理，所以就导致客户的严重不满。

为了解决这个问题，他们两个也开始学着做网站，但是初学者做出来的东西，质量往往不会太高，即便人家看在熟人的面子上通过了，这也只是一锤子买卖，回头客很少。问题越来越多，他与合伙人的分歧也是越来越大。

最后，公司在开了半年之后就倒闭了。

　　生活中，如果你拥有理想，那么你就会牢牢地把握住你人生的方向盘，你的人生就不会失控。就像李峰一样，如果他能够在辞职前和开公司前分析好形势的话，也许情形不会是这样的。

　　一家公司拥有一个好的经营理念是十分重要的。其实，在国内有很多企业，他们在为员工构造理想这方面都有所欠缺，表现在企业不懂得构造自己的理念，不懂得向员工传送这个企业的思想文化。

　　一个企业只有拥有好的企业文化，拥有好的企业理想，才能带领着整个企业不断地向前发展，只有说服好员工，安抚好员工的心，才会让这个企业好好地发展。

　　中国的许多企业，他们大多数都不管公司的理念是什么，只要公司能够完成每个月的销售额，能够获得每个月的利润就行了。但是如果一个公司非常注重和员工之间的文化培养，员工和公司拥有着共同的理想，那么这个公司的团结力必定是不能小觑的。能够和员工拥有着共同价值观的公司，一定会紧紧地抓住员工的心，这样的公司凝聚力才是强大的，才可能经受住重重考验。

　　每个人都曾有过梦想，只是有的人被生活中的一些琐事所累，而渐渐忘记了自己原先梦想的样子。我们也都曾因为我们的梦想感到骄傲和自豪。一个人的梦想可以不断地激励着他们成长，不断地让他们努力执着，梦想可以让人变得高贵。

　　如果你能给对方一个理性的梦想，从这个梦想出发，去说服对方，说不定还会收到不一样的效果。如果是一个聪明的管理者，他们都会懂得在一个团队中筑造共同的梦想，只有拥有了共同的梦想，员工们才会一起团结努力地去实现这个梦想。

❀ **说服要点**

给一个人植入理念，让他拥有一个更加清晰的梦想，然后通过筑造他的梦想来说服他。

● 循循善诱地说服别人

在生活中，我们常常需要说服别人，让别人接受我们的观点和思想。但是说服别人要讲究方法和技巧。你可以通过不断地向对方提出小的要求，慢慢地、一点点地渗透你的思想，从而让对方接受你的观点，我们要学会从大处着眼，从小处着手的方法。如果你能掌握这个方式，你就能够顺利地说服别人了。

这种循序渐进的说服方式，在心理学上叫作"登门槛效应"。心理学家是这样分析这个效应的。他们认为如果一下子向别人提出一个大的要求，人们一般情况下是无法接受的。但是如果你学会逐步地、渐渐地提出要求，将一个大的要求换成一个个小的要求或者目标，他们就会比较容易接受。

在生活中这样的例子很多，比如说推销员就常常使用这种技巧来说服客人来购买他的商品。一般情况下，成功的推销员都不会直接向顾客去推销他的东西，而是先以一个人们比较乐意和愿意接受的事物入手，从而一步步地达到自己的最终目的。对于推销员来讲，最重要的一步是怎样去把客户引进屋，如果能把客户引进屋，那么你的推销已经成功了一大半。这种方法可以让你达成自己的目标，是你和陌生人交流的好方法。

想必大家都有这样的经历，当你和朋友在繁华地段逛街的时候，突然被人拦住，对方说："耽误你一分钟的时间，请你听我讲一下。"你心里会想：不就一分钟吗？这样简单的要求，答应好了。可是紧接着，她会让你填个问卷，说填完问卷有礼品相送。听到有礼品相送，你会在内心上对这个问卷感兴趣。最后，你就会被带进他们的店里，并被推销商品。有时候，你可能不好意思拒绝，然后你就买了。而这时，推销员也就成功了。

在公司，当我们要求别人或者下属做某事的时候，我们可以先让他做一些小事。同样，当我们对待新人时，我们也不能一下子就对其提出很高的要求，我们可以先向他提出一个小的要求，等到他慢慢适应了之后，再慢慢地把要求提高。只有这样，员工才更会容易接受。我们才能实现自己的目的。

为了验证这个登门槛效应，美国的社会心理学家弗里德曼与弗雷德曾经做过一个实验。他们分别派两个学生去访问加州郊区的家庭主妇。其中的一位大学生登门拜访第一组家庭主妇的时候，他请求她们在一个呼吁安全驾驶的请愿书上签名。这是一件很简单的事情，所以大多数家庭主妇都十分配合地签下这份协议，只有少数人以我很忙为借口拒绝了这个要求。

在两周之后，另一位大学生再次挨家挨户地去访问那些家庭主妇。这次，他除了拜访第一位大学生已经拜访过的家庭主妇外，还拜访了另外一组没有接受过拜访的家庭主妇。与上一次任务不同的是，这次大学生拜访时背着一个呼吁安全驾驶的大招牌，请求家庭主妇在两周的时间内将它竖立在自己院子里的草坪上。

实验结果显示：在第二组家庭中，只有17%的人接受了该项要求，而第一组的家庭主妇中，则有55%的人接受了这个要求，远远超过第二组。

我们从这个实验中明白：当人们答应了你的第一个条件之后，如果你再向他们提出第二个更大的请求之时，他们为了保持在你心中乐于助人的形象，往往会答应你的第二个请求。在生活中，这样的例子比比皆是。当一个人接受了他人一个微不足道的要求之后，为了使自己的形象看起来不那么矛盾，他们会在心理惯性的驱动下，接受别人更高的要求，即便对方提的是你根本就不愿意答应的要求。

在人际交往中，尤其是当你需要别人帮助的时候，你要学会步步为营。就像登门槛一样，渐渐地走入对方的心境。在生活中，有很多人便会利用这种效应。比方说，当一个男生在追求自己心仪女孩的时候，如果第一次见面就向对方提出"我们结婚吧"，肯定会把女孩吓跑。男生通常会通过邀请女生看电影、吃饭或者是玩游戏等这些小的要求来逐步地达到目的。

例如，你去西餐厅点菜的时候，当你点完牛排之后，服务员会礼貌地问你一句：先生，你看你需要红酒吗？当你点完红酒时，服务员会微笑着说：餐后吃点水果有利于身体健康，你看要不要来一个水果拼盘？一般情况下，像服务员这样一步步询问，你也会一步步答应下去。这就是越过心理的门槛，层层深入，最终达到目的。

由此可见，当我们在说服别人的过程中，要学会正确恰当地使用步步说服的战略，这样往往会让我们获得意想不到的结果。生活中对于推销员来讲，当他们在说服消费者购买自己商品的时候，不会让对方直接买商品，而是先让对方试一下，等这些要求都实现之后，他们会再向消费者提出购买的要求。

在学校中，有经验的老师在劝说学生的时候，在对学生进行教育的时候，对于那些学习有困难的学生，老师们一般情况下都循序渐进地进行。只要他们能够比过去有所进步，能够达到这个小要求，那么接下来，他们就会鼓励学生，并向他们提出更高的要求。这样的要求，学生一般会比较容易接受，并且也比较容易达到。

❀ 说服要点

说服别人时，要懂得一步一步地说服，这就要求我们不要急于求成，任何事情都要学会循序渐进，只有这样，你才能成功地说服别人，达到自己的目的。

● 为对方提供一个舞台

在说服的过程中，如果你能够说服他人，让他人听从你的意志，服从你的指挥，那么你的人际沟通能力就向上提升了一个层次。

生活中，你是否经常听到有人抱怨说："为什么他的意见总是能得到支持，而我的就不行？""为什么他的业绩总是那么好？"从这里可以看出在人与人沟通的过程中，你需要提高你的沟通能力，以及改善你的沟通技巧。如果你拥有了良好的人际沟通能力，自然而然地别人就会信服你，从而跟随你。在生活中你会发现，每一个出色的领导人，其实都是一个特别厉害的演讲家，他们最厉害的就是在观众面前表演他出色的说服力，让公众群体膜拜或者支持他。

人与人之间在尚未沟通之前，都不知道沟通互动后的结果是好的还是坏的，也不知道这个结果是否达到了我们想要的结果，比如说当一位顾客进你店里买东西的时候，你一般都会说："喜欢哪件可以随便看看，相中的话可以取下来试一下。"当然这只是你单方面的要求，你还没有和对方形成互动，也就无从探知下一步的结果。

对方是否购买又取决于我们在与客户沟通和交流过程中的语言、语气态度以及语速等。就是交流的技巧，以及当时在与顾客沟通过程中的演技，学会倾听对方内心的想法，把舞台让给对方，要记得给对方提供一个舞台，让他们在这个舞台上能够表达出自己内心的需求。

生活中也经常会发生这些事情。下面让我们看一下发生在英国的一个真实的故事。

有一位年迈的老人，他无儿无女。由于他疾病缠身无人照顾，所以他不得不搬去养老院。但是这位孤独的老人拥有一栋漂亮的房子，他宣布要将这栋漂亮的房子出售。想要购买房子的人听到这个消息之后蜂拥而至。老人提出这栋房子以8万英镑的底价出售，但是来的人都想要购买这栋房子，他们很快就将这栋房子炒到了10万英镑。由于住房价格的不断攀升，老人因此也陷入了苦恼之中。他如果不是因为自己的身体每况愈下，他也绝对不会卖掉这栋陪了他度过了大半生的房子。

而正当别人竞相争价的时候，一位衣着朴素的年轻人走到了老人的面前。他俯下身子，低声地对老年人说："先生，我也很想买下这栋房子，可是我只有1万英镑，如果你能将房子卖给我，我保证会让你依旧生活在这里。每天和我一起喝茶、读报、散步，我让您每天都生活在快乐当中。请您相信我，我会用整颗心来照顾你。"

老人最终把这个房子以1万英镑的价格卖给了他。

在这个故事中，这个年轻人将这个角色扮演得栩栩如生。他懂得用坦诚来换取这位老年人对他的信任。不需要目标，不需要技巧，需要的只是一颗真诚的心，一个不需要用任何方法和手段来掩饰的真诚。

在销售过程中，真诚还是很重要的。而销售的过程就是卖家不断忽悠买家的过程。如果你向顾客介绍得好，买家就会掏腰包；如果介绍得不好，买家就会拍拍屁股走人。但是很多时候，销售人员的忽悠最终还是以失败告终。也许你会发现，不管你如何提升服务质量，如何降低商品的价格，顾客对于销售人员总是充满了怀疑，他总是感觉这是在欺骗。那么怎样才能消除对方的顾忌呢？

我们要倾听顾客内心的想法，经过研究发现，大部分顾客在选购商品之前，并没有计划过要买些什么，一般他们的购物都具有一定的随意性。其实好多人去逛街都只是瞎逛，闲逛，大多数人只是随便逛逛。但逛完之后却战利品丰富，其实他们有时候需要的并不是这件商品，他们需要的只是想要有一次愉快的购物经历。

销售人员在回答顾客各种问题的时候，销售员在对商品做销售说明的时候，语言一定要富有技巧并且准确到位，一定要及时回答顾客的问题，不能啰唆。他们也要在最短的时间了解对方的兴趣，满足客户的需求，给对方提供一个舞台，这才是销售取得胜利的关键之处。

生活中，你要学会给你想要说服的对象一个舞台，让他尽情地说出自己的心声，说出自己的需求，让你们的关系可以更加牢固，只有这样，你才会比较容易推销出你的商品，更容易让对方去接受你。

现实生活中，很多人做事情都只是盯着目标。他们认为只要目标正确，技巧不需要重视，他们认为只要这样，目标就一定能够得到实现。但是现实会告诉你，想要说服别人，走进对方的内心世界，并不是那么容易的。我们要学会给对方提供一个舞台。善于倾听对方的心声，抓住对方的脉门，我们才能成功地说服别人。

生活中，即便是再合理的目标，如果缺乏一个过程或者是一个技巧，那么你说服一个人也不是那么容易就成功的。

❧ 说服要点

想要说服一个人，必须要掌握技巧，只有掌握了技巧，了解了对方的思想，才会让你的话语更有说服力。

● 打动心才能改变思想

在日常生活中，我们的思想以及行为常常会受我们的情感所影响。在生活中，你是否常被别人窥察内心世界。即便人们常常喜欢掩饰自己的个人感情，但是偶尔都会暴露出蛛丝马迹。所以作为一个说服者，我们可以通过了解一个人的情感状态，去破解这个人的态度以及想法；我们可以通过主导一个人的思想感情，令这个人做出你所期待的决策。所以说，情感也是说服别人的一个重要因素，说服情感的目的是要打动对方的心，从而改变对方的思想。

随着时间的推移以及人类社会的发展，一个人的情感在这个经济社会的地位似乎显得越来越不重要。但是在现实生活中，却并不是如此。很多人受情感的影响还是颇为严重的，每天的心情都会受情感的影响。其实情感在我们的生活中一直占据着主要的位置。它也是维系我们同外界关系的纽带。

我们可以从生活中的很多例子看出人们在做大多数决定的时候，并不一定是在一种理性的分析、或者严密的逻辑思维下所做出的决定。大多数人做决定的时候，往往受自己的兴趣、爱好等影响。所以说，要说服别人，应该从打动对方的内心开始，从一个人的情感出发。一个优秀的销售人员、律师、商人或是政治家，他们都会懂得，影响一个人的最有效的方法是能够触及对方内心深处的情感。

说服别人，一定要懂得从情感的角度出发，要懂得与他人建立情感层面的关系，这样的话，你既可以通晓事理，又可以说服他人，还可以获得别人的尊敬以及真心的服从。最受欢迎的作家之一斯宾塞·约翰逊曾说过："我卖东西给别人的目的，是帮助人们得到他们想要的那种对自己所买物品的良好感觉。"从他的话中，我们知道当一个人的心被打动的时候，他的想法就会改变。

张总在北京的公司越做越大，于是决定在家乡成都也开一个分公司，但是思来想去，该由谁来负责新公司的管理呢？成都和北京相距甚远，如果建立新公司，新经理是要长期驻扎在那里的。现在公司的人，谁会丢下北京的生活圈，到一个人生地不熟的地方呢？为了这件事情，张总煞费了苦心。

有一天，张总把李志叫到办公室，说："小李，你跟我这么多年，表现一直很出色，对我也很忠心，像你这样的下属很是难得。如果我现在有什么困难，只有交给你来做，我才比较放心。"李志还不知道张总要开分公司的事情。也就没想到他会被分到这等苦差事，于是，他便回答："张总，你说这话太客气了，我还没感谢这么多年来你的提拔呢！"

张总立刻回复道："嗨，和你比起来，这些奖励都太微不足道了。所以，我想了想，打算提升你做我们新公司的经理，你看怎么样？"李志惊讶地说："真的吗？我都不知道我们要开新公司，你这么看重我，我一定会好好努力，把你的新公司管理好！"

听到李志的回答，张总开心地笑了笑，然后缓缓地说道："这在你的事业上也算是一个大的提升。我会衷心地祝贺你。不过，要想在事业上有所收获，有些东西还是要懂得割舍。我们的新公司并不在北京，而是开在我的家乡成都。我知道让你离开北京，你做出的牺牲很大，离开你的妻子和孩子更是比较残酷，我是这样考虑的，除了一个经理应得的工资之外，我再给你一年的工资作为安置费。你可以在那边租一个很不错的房子，将你的妻子和女儿全都接过去。另外，那里还有我的一些朋友，我会让他们对你多加照顾，这样看来，你的损失只是减少和北京朋友的见面。小李，你看，我为你想得那么周到。你可千万不要拒绝我啊。"张总继续说着。

听到这里，李治不好意思再说推辞的话。他回去考虑了几天之后，就决定去成都，接手新的公司。

张总在说服的过程中，不只考虑自己，他还注重对方的感受，张总正是利用情感这个法宝，给予了小李恩惠，打动了小李的心，所以小李才会同意去接手张总的新公司。

不可否认的是，在生活中，我们都是情感的奴隶，我们的记忆以及我们对这个世界的看法，都会因情感而改变，它会让我们的选择变得越来越清晰。所以对于说服者来说，如果你能将对方引进一个积极的情感状态里，那么想要说服对方就不是一件很难的事情。

让我们一起来看看古代的勾践是怎样说服夫差，让自己回国的。越王勾践被夫差打败之后，忍辱负重，一直顺从夫差的要求，不仅离开自己的国土，还带着送给吴王的财宝和自己的王妃虞姬，一起来到吴国做了阶下囚。为了及早能够回到越国，为了消除吴王的猜忌，他一直在夫差面前装可怜，博取同情，还甘愿尝食吴王的粪便。最后，吴王终被打动，将勾践送回了越国。有时候，可能直截了当的说服效果并不明显，但是真诚的行动却能打动对方。

总之，你想要说服一个人，要走进一个人的内心深处，需要去洞悉这个人内心深处的情感。如果你做不到这一点，尽管你言辞犀利，八面玲珑，人们也不会理你。你得到的只是人们的反感，而对于那些能够打动人心的说服者，人们会感到更加安全，他们会因为说服者能够体会到他们真实的感受，会乐意与说服者沟通。

🌸 说服要点

我们可以通过一个人的感情来打动这个人的心，首先让他接受你，然后再让他的心跟着你走，之后把你的思想和价值观再告诉他，他才可以慢慢地接受。所以改变一个人的思想的前提是打动这个人的心。

Chapter 4

有理有据，使对方充分信服

　　一个较好的说服过程，肯定是需要分清主次地抓重点。如果我们能将这种条理性应用到说服当中，肯定会增加说服的可靠度，也更能让别人接受你。要好好利用我们说服别人的论据，将论据整理清楚，这样我们才能有条不紊地将说服进行到底。

● 借助名人或权威效应

在我们生活中，为了提升自己话语的说服力，也为了让别人更加理解我们所做的一切，我们经常会这样说："××主席认为……""按照哲学家××的思想……""企业家××说过……"

我们为什么会这样说？原因在于：尽管××主席、哲学家××、企业家××的职业各不相同，但有一个不可忽视的事实，那就是这些人都是在各自的领域里取得过非凡的成就。于是，他们的话语中的论断或观点便具有了一定的权威性，值得人们信赖。

在说服心理学上，这种心理动向被解释为"权威效应"，也叫"权威暗示效应"，是指一个人要是地位高、有威信，受人敬重，那么他所说的话或所做的事情就容易引起别人的重视，并让人相信，所谓"人微言轻，人贵言重"，大抵如是。

在电视上，我们经常能看到某些大牌明星代言的某种化妆品或巧克力，而这些品牌的化妆品或巧克力往往有着惊人的销量；通过某位知名作家推荐的书，也都会让读者踊跃购买；某位知名教育家的讲座，也总是座无虚席。这些都是为什么呢？就是因为向你推荐这些东西的人都是拥有某种光环和一定影响力的人。这就是所谓的"名人效应"，名人不是专家，但有时比专家还要管用。

2000年，马云请金庸坐镇"西湖论剑"，"挟天子以令诸侯"，说服新浪的王志东、搜狐的张朝阳、网易的丁磊等互联网巨头共聚一堂，大大提升了阿里巴巴的知名度；2005年，马云与布莱尔一起吃早餐、拿克林顿助阵西湖论剑，博得雅虎10亿美元加雅虎中国资产换得阿里巴巴35%股份；2014年，马云邀请大卫·贝克汉姆参观阿里，引来众人瞩目……马云所做的一切，实际上都是借助名人效应，来提升自己的影响力和说服力。

不管是权威效应，还是名人效应，其实这都是一种普遍存在的社会心理现象。为什么呢？因为人们有"安全心理"，即总认为权威人士的思想、言论和行为往往是正确的，名人用过或推荐过的东西一定是有一定好处的。正是由于人们的"认可心理"，所以他们才会被说服，并按说服者的要求去做。

现实生活中，如果你想要说服一个人，便可以尝试借助名人或权威效应。

美国总统奥巴马上任后不久，就偕同妻子米歇尔和两个女儿入住白宫。在接受媒体采访时，奥巴马表示，自己非常喜欢老家位于芝加哥的老房子，等任期届满后，就会带着家人重返故居。

这个消息出来后，最高兴的是奥巴马在芝加哥故居的邻居比尔。比尔很快打起了出售房屋的主意。在比尔看来，奥巴马就是自己的摇钱树，试想，谁不愿意和全世界最著名的人物之———美国总统奥巴马做邻居呢？所以，现在只要以奥巴马邻居的名义将自己的房子卖出去，一定能卖个好价钱。

为了推销自己的房子，比尔想到了很多主意，他还特意为此建了一个网站，全方位介绍他的住宅：这幢豪宅近600平方米，拥有17个房间，非常实用舒适。更重要的是，奥巴马曾经多次来此做客，并在他家的壁炉前拍过一个竞选广告。

可以说，这是世界上最不错的房子之一，但令比尔沮丧的是，虽然很多人关注这所房子，但鲜有人愿意购买。

原来，人们担心的是隐私问题，害怕买了这所房子后，就会生活在严密的监控之下。而且等奥巴马届满回来之后，这所房子一定会被各路记者统统包围。

房子没卖出去，比尔非常失落。庆幸的是，不久后，这所房子终于迎来了一个买者。这位名叫丹尼尔的买者找到了他，愿意买这所房子，要求是将这栋豪宅改造成幼儿园。

这一招，实在妙极。为什么呢？因为当房子的用途从居住改为幼儿园之后，那些过于严密的监控就显得很有必要。从此，这个毗邻奥巴马老宅的幼儿园，就一下子变身成了全美最安全的幼儿园。既安全，又能和奥巴马做邻居，这两个特点一下子吸引了不少富豪，富人们都愿意把孩子送到这里来读幼儿园。

果然，这所幼儿园开办起来后，吸引了很多富人和记者前来光顾，就连很多广告商也开始争先恐后地联系丹尼尔，想在幼儿园的外墙上做广告。几个月后，丹尼尔从中赚取了大量财富。

从这故事中我们可以看出，不管是比尔还是丹尼尔，他们都深谙说服之道，那就是借助"名人效应"来提升说服力。背靠大树好乘凉，背靠着奥巴马这棵"大树"，比尔找到了买主，丹尼尔找到了愿意花钱送孩子来这里上学的家长。

古希腊伟大的哲学家亚里士多德曾说，一个人的个人特点就是他所拥有的最有效的劝导手段。而知名度就是一个人的显著特点之一。现实中，很多商家都是利用名人的知名度来增强商品对消费者的影响力的。而事实也证明，名人的知名度确实能够让人们更加相信他们的观点，从而更加信赖商家所提供的产品或服务。

当然，并不是所有名人或权威人士都具有很强的说服力，比如他们的负面影响可能还会大大降低说服力，名人或权威人士的吸引力、可信度和专业性与产品的一致性相冲突时，也会降低说服力。

因此，在利用名人或权威人士的影响力提高说服力的时候，也要注意这

些影响因素，只有这样，才能最大限度地发挥名人的积极影响力，提高说服

对方的可能性。

❀ **说服要点**

利用名人或权威效应能够提升说服力，但是在说服的时候，
要选择社会上广泛认可的、正面形象比较突出的人物，而要避免
选择负面消息较多的名人或权威人士。

● 找到双方共同点

当我们想要说服对方的时候，我们就会发现，如果被说服者与我们有相同之处，那么被说服者更愿意倾听我们的意见和建议。所以说，找到与对方的共同之处是说服对方的捷径，也是说服对方最有效的方法。正是有了这些共同之处，才让我们和对方有了共同的话题。他也会因此更加信任你，更愿意接近你，他也会更容易地被你说服。

就是因为这些共同之处，让我们更深入地了解彼此，我们才能接近对方，因为这些共同之处，我们有可能和对方成为无话不谈的好朋友。只有这样，彼此之间才会有更加深入的交流和沟通，你们之间的距离也会越来越近。

在人际交往中，找到你与对方的共同之处是沟通和交流之前所必须要做到的。你可以通过向对方周围的人打听其兴趣爱好，并以此为根据，来对自己加以训练。如果你和对方刚好有相同之处，那就更好了。

杨柳是一家建筑公司的老板，近期，市里准备举行一个工程项目的招标会，杨柳的公司也准备参加这次竞标。通过多方关系，杨柳打听到负责这个项目的是市里的王局长。因此他一次次地拜访王局长，但是每一次都不得而归。因此她非常不甘心。

杨柳信奉佛教，有一次她去寺庙里上香，无意间发现王局长也在寺里拜佛，并且和寺庙里的师父关系好像很熟，她这才得知原来王局长也是佛家弟子。一天，杨柳得知刘老板邀请王局长吃饭，正在赶往锦江饭店的路上，于是就叫上助理以最快的速度赶往锦江饭店。刚到饭店的大堂，杨柳假装是过来吃饭的，与王局长的再次偶遇，杨柳撒了一个谎，说自己没有订到位置，希望能够与王局长和刘老板一起共进晚餐。他们没有拒绝杨柳的请求。

在餐桌上，杨柳看到刘老板点了很多的荤菜，而王局长迟迟没有动筷子，这时杨柳就说："刘老板真是盛情难却啊，可是我和王局长都是信佛的，初一和十五是要吃斋的。今天是十五，真是有点不巧啊！"王局长感到很惊喜，忙问："杨老板也信佛？真是缘分啊！"

杨柳于是就挽起衣袖，把手上的佛珠展示出来，接着说："家母也是信佛的，受她的影响，我也成了佛门弟子。"但是菜已经上了，饭店也不准无故退菜。杨柳灵机一动说："王局长，我知道有一家素食斋不错，我在那边定的位置还没有取消呢，要不你们跟我一起去吧！"通常情况下，信奉佛教的人都很喜欢去素食斋这样的地方吃饭。王局长也很乐意前去，于是就答应了。

最后，杨柳和王局长因为这个共同的爱好，在吃饭的时候聊得很尽兴，他们之间的关系也增进了不少。以后每一次杨柳的邀请，王局长都没有拒绝过。最终，杨柳的公司在项目竞标中成功中标。

在这个故事中，因为杨柳善于发现与对方的共同之处，并且加以利用，最终得到了王局长的信赖，获得了竞标的胜利。从这件事情可以看出，当你在与对方谈判的时候，找到了和对方的共同之处，那么你就很容易和对方拉近距离，获得对方的信赖。这样的技巧也会让你在交往中收到意想不到的效果。

当对方知道你和他有共同之处的时候，他会更加愿意和你相处，也会更加愿意和你交流，可能会给你继续交往下去的机会。你们也可能在很短的时间里成为朋友。因为这些共同之处，让你们之间产生思想上以及感情上的共鸣，这种影响对一个人的心理作用还是挺大的。渐渐地，你们之间的这种朋友关系就会更进一步，他会把你视为知己。知己之间，如果是有事相求的话，他必然会把你的事情放在心上，并且会竭尽所能地帮助你。

有时候你和你遇到的谈判对象，如果没有共同之处，而你需要他为你办某件事情的话，就需要你进行挖掘，然后再制造出来你们的共同之处，这些行为似乎略带欺骗的性质，但是，善意的谎言无伤大雅。并不是所有人都不能够接受这种方式。当对方逐渐把你当成自己人的时候，为了这份感情，你也会培养自己与他的共同之处。只有这样，才不会枉费对方对你的信任。

在与对方第一次接触的时候，要让对方很自然地感觉到你与他的共同点是一样的，是在一种很巧合的环境下产生的，最好不要将场面弄得过于牵强。你可以就你们之间的共同点进行探讨，这样的探讨对你们双方都是有价值的，有深度的，能让对方看到你深厚的文化底蕴、文学修养、对爱好的深入程度等。在你们的共同之处上，让你独特的魅力以及风格深深地吸引着他。

除了这些，你也可以在生活中，多多留心对方的生活以及工作中的某些习惯。注意聆听对方的语言，或者可以通过分析对方的性格特点来找寻你们之间的相同之处。你也可以从一些精细的观察和探讨中，寻找你们的共同之处。我们除了和对方聊一些或者与人生有关的话题外，你也可以聊一些日常生活方面的知识。在这些方面，你就更容易找到大家的共同之处。你还可以和对方一起参加某个活动或者是一些运动，比如户外远足、健身等。通过聊天和相互的接触中，我们才能找到对方的共同点，进而说服对方。

🌸 说服要点

找到双方的共同之处，可以拉近你们彼此之间的距离，这样可能不能保证会达到你的目的，但是一定会增加你成功说服他人的机会。

● 对症下药，具体问题具体分析

世界上没有相同的两片树叶，每片树叶都有它自身的特点，同理，人也一样。即使两个人长得再像，他们各自心里的想法也是不一样的。所以，在现实生活中，我们与人交流沟通的时候，不会用同一种说话的方式来面对所有人。因为每个人都有自己独特的思维方式，我们只有通过观察才能了解一个人。所以我们需要了解别人的思维方式，明白他的想法。这样我们对症下药，才能说服他。不然的话，只能是增加他对你的戒备心。

当我们要说服一个人，就要找到他心中的症结，只有对症下药，才能让他茅塞顿开。许多智者都能用一句很简单的话让浪子回头，智者靠的就是敏锐的洞察力。所以。我们要想对症下药，我们就需要仔细观察别人的生活行为和性格特点。我们要知道哪些人"吃软不吃硬"，哪些人"吃硬不吃软"等，通过洞察别人的性格特点，我们才能更好地了解他们，我们通过了解，便能更好地处理他们的问题。

生活中，经常可以看到年轻的销售人员，在和客户沟通交流的时候，说得口干舌燥，却不见一点成效。人是有需求的，人的内心是有渴求的，所

93

以当我们遇到客户的时候，我们一定要了解他们想要的是什么，我们才能对症下药地解决问题。如果我们找不到别人的需求点，那么无异于"对牛弹琴"。所以，别人的需求点是我们要寻找的关键，只有找到对方的需求点，经我们合理的分析，才能让我们利用这个支点撬起整个地球。

住在马里兰州的巴尔的摩城的泰德·本杰米诺曾经忧虑得几乎完全丧失了斗志。1945年4月，泰德在第94步兵师担任士官，负责建立和保持一份在战争中死伤和失踪者的记录，协助挖掘在战火中被打死的、被草掩埋在坟墓里的士兵的尸体，整理他们的遗物，并送到他们的亲人手中。

泰德当时整个人精疲力竭，他担心会犯严重的错误，担心患了结肠痉挛症的自己不能撑过去，担忧是不是还能活着回去把独生子抱在怀里。这种疲惫、担忧，令他急速瘦下来，精神变得脆弱，整个人都崩溃了，常常哭得像个孩子，浑身发抖。尤其是德军最后开始大反攻的那段时间，他几乎放弃了还能成为一个正常人的希望。

后来，泰德住进了医院。军医对其进行了一次彻底的全身检查，发现泰德的问题纯粹是精神上的。军医决定安慰泰德，并把他从忧虑中解救出来。

军医告诉了泰德检查结果，然后说："泰德，你知道在沙漏的上一半，有成千成万粒的沙子，它们都需要慢慢地流过中间的那条细缝，而且，每次只能通过一粒沙。除了把沙漏弄坏，我们都无法让更多的沙同时通过那条线。想一想，你、我和每个人不都像这个沙漏一样吗？而工作就像是其中的沙一样，需要一件一件做完，让它们一粒一粒流下来，像沙粒通过沙漏的窄缝一样。如果我们不这么做，那就一定会损害到我们自己的身体或精神了。"

泰德遵照军医的话，告诉自己"一次只流过一粒沙，一次只做一件事"。渐渐地，他心里的忧虑减少了，身心健康起来。而且，在以后的人生中，这句话也给了他莫大的帮助。

军医清楚地了解到泰德的症结，利用语言去激励他，这才让他重新振作起来。正所谓"心病还要心药医"，军医对症下药这才让泰德的身心都健康了起来。

做事要有针对性，说话更是如此。每个人的心思想法不同，那么我们就要站在对方的位置上仔细思考对策，只有具体问题具体分析，才能击中问题要害，从而解决问题。假设你是一位领导，面对不同的下属，就要多多分析他们的性格特征和心理特征，对待不同的具体事务也要采取不同的说服方法。如果你能从万千思绪中找到对方的症结，对症下药，就能快速说服对方。

所谓对症下药，在中医中讲的就的是："望，闻，问，切。"所以我们在生活之中，想要说服别人，也要做到这几步。当别人想要一个梨的时候，即使你拿一筐苹果出来给他，不是别人想要的，即使别人接受了你的好意，也无法心悦诚服地接受你。所以学会观察才能让你无往而不利。当我们要说服别人的时候，试着换位思考，站在别人的角度上去思考问题，更有利于我们去分析他的想法。

当我们想要说服一个人的时候要注意，如果没有选对正确的说服方式，说服力就会下降。也就是说，如果想要说服一个人，必须找对关键点，才能增强说服力。每个人都有独特的心理想法，我们想要说服一个人，就要摸清这个人的心理，有针对性地进行说服，而不是采用说服他人的方式来说服这个人。总之，对症下药地说服，就是要具体问题具体分析，要让自己的说服点更精准，更到位，才能让对方信服。

❀ **说服要点**

　　说服别人的时候一定要有针对性，给人一语中的的感觉，让别人信服。如果我们说的和别人心中想的南辕北辙，那么再有力的话语也起不到作用。

● 抓住对方的把柄

生活中，人们常常害怕被人抓住把柄，因为被人抓住把柄之后，他们就失去了话语的主动权。因此我们在说服别人的过程中，也可以利用这一点来说服对方。

正所谓"打蛇打七寸"、"抓刀要抓柄"，要想成功地说服对方，让对方接受你的观点，你就要抓住对方的短处或者把柄。

汉代的朱博本是武将，后来被调任至左冯翊做文官。在任期间，他常常会利用一些巧妙的手段，制服当地的恶势力。

在长陵一带，尚方禁在年轻的时候强奸了别人的妻子。被别人用刀砍伤了面颊。对于如此恶棍，本应重重地责罚。但是只因他是长陵大户人家出生的子弟，贿赂了地方官功曹。他不仅没有被停职查办，反而得到了提升，被调任升为守尉。

待到朱博上任后，有人向他揭发了这件事。朱博觉得真是胆大包天，如此罪状不可饶恕！于是就立即召见了尚方禁。尚方禁的心里也是七上八下，没有办法，他只得硬着头皮来见朱博。朱博细细地看了尚方禁的脸，确实是有疤痕，于是就让身边的侍从退下，假装十分关心地询问原因。

尚方禁知道朱博已经了解了他的情况，就跪下接连地给朱博磕头，并且如实地讲述事情的经过，希望得到朱博的原谅。他一个劲儿地哀求道："请大人赎罪，小人以后再也不干那种伤天害理的事了。"

朱博突然大笑道："男子汉大丈夫，这也是在所难免的。不如本官给你一个戴罪立功的机会，你会效力吗？"

于是，朱博命令尚方禁要对这次的谈话内容保密，让他记录其他官员的一些言论，及时向朱博报告。尚方禁俨然成了朱博的眼线。尚方禁自从被宽释之后，对朱博的大恩铭记于心，做起事来非常卖力。没过多长时间，朱博通过尚方禁提供的线索就破获了许多起盗窃、强奸等犯罪案，使当地的治安情况大大改观。随后，朱博提拔他为连守县县令，过了很长时间，朱博突然召见曾经收受尚方禁贿赂的功曹，对他进行了呵斥，并要求他把自己曾经受贿的事情写下来，不能够有丝毫的隐瞒，那功曹早已吓得不行，只好提起笔写下自己的斑斑劣迹。

朱博早就从尚方禁口中得知功曹受贿的事，看过功曹写的受贿材料，觉得大致相符，就对功曹说："你先回去好好反省反省，听候裁决。从今以后，一定要改过自新，不许再胡作非为！"说完拔出刀来。功曹一见拔刀，吓得两腿直打哆嗦，又是鞠躬又是作揖。嘴里大喊："大人饶命！大人饶命！"朱博将刀一挥，把功曹写的罪状材料撕成碎片。

这个故事中，朱博就是抓住了尚方禁的把柄，成功地说服了尚方禁成为了他的耳目，才能让尚方禁为他所用。同时也让受贿的功曹如实地称述了罪状。生活中很多聪明的人都知道，抓刀要抓把柄，制人要拿把柄。在对手身上找到他的把柄，然后为我所用，这也是十分奏效的。

对于那些善于操纵说服技巧的人，他们不会与对方不停地周旋，而是会抓住对方的把柄，一语中的，这样才能尽快地说服对方，让他同意你的观点，并且为你所用。

战国时期，齐国的张丑被送到燕国做人质。不久，由于齐、燕两国的关系紧张，燕国人要把张丑杀掉。张丑知道后，马上借机逃走。还没有逃出边境，就被燕国的官吏抓住了，这个官吏非常贪财，把张丑身上所有值钱的东西都掏走了，然后就命人把他关起来，正准备走的时候，张丑灵机一动，就对官吏说："燕王杀我是因为有人对燕王说我有很多财宝，但是我并没有那么多财宝，但燕王偏偏不相信我。你知道我被你捉到了，你会有什么好处吗？"

"燕王悬赏了一百两银子捉你，这就是我的所得。"官吏说道。

"如果你把我交给燕王，你又拿走了我所有的财宝。燕王听到后一定会暴跳如雷，到时候你就等着和我一起死吧！"张丑一边说一边大笑。

官吏听到这里，自己也感到害怕，越想越担心，最后不得不把张丑放了。

张丑之所以能够死里逃生，是因为他抓住了这个官吏的把柄，把其逼上绝路，最后说服官吏，让他把自己放了。我们也从中学会了想要说服他人，只要抓住问题的关键，找出对方的把柄，给他施加压力，我们就能说服对方，让对方听从我们的意见，当我们直截了当地说出对方的把柄，以及会带来的不利后果，让对方改变现在的状况，这是一种很有效的说服方法。这里的关键在于：话要说到点上，找到对方的把柄。我们可以给对方分析利益得失以及名声信誉。总之，只要抓住对方的把柄，知道对方害怕的事情，拨动他最关心和最敏感的那根心弦，才能让他动容，才能改变他的观点，才能达到我们的目的。

抓住对方的把柄就相当于抓住了对方的死穴，你抓住了对方的把柄，就相当于稳操说服的胜券，这样你就能成功地说服他人了。

❀ **说服要点**

抓住对方的把柄，你就能完全控制局面，让对方受制于你，这样你就能轻易地说服对方。

● 好话说到点子上

当我们要说服一个人的时候，决定说服的最终结果有很多种因素。在说服别人的过程中，我们如果能整理出那些想要说服对方的话，那么才会使我们说服别人的概率增加。当我们在说服别人的时候，有条理地说话，绝对会比那些"东一套，西一套"的说话要好得多。所以，我们打算说服一个人，就要知道我们在说服过程中应该说些什么。我们在说服对方的时候，传递给对方的信息是有限的，需要传达的信息也是要分主次的，这样进行说服，别人才能更快地反应过来。比如，我们看完一场电影，我们不可能将电影所有细节都讲出来给别人听，通常我们叙述故事的时候，会着重叙述关键事件，这样对方就会明白电影的梗概。所以，说服别人也是一样，我们要有条不紊地进行说服，要将话说到位，才能让别人信服。

杰瑞是一家电力公司的推销员。一天，他来到一所非常整洁的农舍门前。敲门之后，门被打开一条小缝，一个老太太从门内探出头来。当她得知杰瑞是电气公司的销售员后，便"砰"的一声把门关上了。

但是执着的杰瑞并没有就此打消推销的想法，决定换个法子，再碰碰运气。他再次敲开门，大声地说："太太，很对不起，打扰到您了，不过我今天来拜访您并非为了公司的事，我只是来向您买一点儿鸡蛋。"听到这句话，那个老太太放松了警惕，态度也稍微温和了许多，门也开大了一点儿。杰瑞接着说道："您家的鸡长得真好，瞧它们的羽毛多漂亮，多光滑。您这些鸡下的鸡蛋，能否卖给我一些呢？"

此时，门开得更大了，杰瑞接着说道："我家也养了一些鸡，可是没有您喂养得这么好，饲养得这么好的鸡我还真是没见过呢。而且，我饲养的鸡，只会下白蛋，也不知道您有什么技巧让它们下红蛋的。夫人您是知道的，做蛋糕的时候，用红褐色的鸡蛋，要比白色的鸡蛋好得多。我太太今天要做蛋糕，需要几个红褐色的鸡蛋，所以就跑您这里来了。"

老太太一听这话，感到非常高兴，于是不再有丝毫的戒备心理，立刻从屋里跑了出来。杰瑞利用这短暂的时刻，观察了一下四周的环境，发现这里还拥有整套的酸奶设备，于是继续恭维道："我敢打赌，您养鸡赚的钱一定比您的先生养乳牛赚得还多。"

这句话说到了老太太的心坎里了，她十分高兴。因为长期以来，她的丈夫都是不承认这件事的，这位太太其实一直都想把自己得意的事情告诉别人。他们互相交流养鸡经验，彼此间相处十分融洽，几乎无话不谈。

最后，这位太太竟然主动向杰瑞请教用电的好处，杰瑞尽可能地为她做了详细的回答。一周后，杰瑞在公司收到了这位太太交来的用电申请书。后来，杰瑞源源不断地收到这个村落的用电订单。

杰瑞在说服老太太的时候，采用的是一种恭维的手段。当他进门之前，他便想好怎么突破老太太的心理防线了。杰瑞将说服老太太的重点放在恭维上，把恭维的话说到点子上，有组织的恭维，让老太太最终信服了杰瑞。因为杰瑞明白，老太太并不是反感电气公司，而是反感电气公司的推销员，所以，杰瑞才会用恭维拉近彼此之间的距离，缓和矛盾、消除矛盾，最终达到了自己要的结果。

试想一下，如果杰瑞没有做好准备，敲门之后不分主次地就恭维老太太，那样肯定也得不到老太太的认可。所以，当我们要说服别人的时候，一定要注意，我们说话的顺序，说话的要点要具有条理性，并且符合当时的情况。如果自己乱了，那么对方肯定更乱，也会对你产生反感。

说明书我们都见过，在包装盒上或者是说明纸上。一大段的说明，如果没有分清主次和逻辑顺序的话，用户很难从说明书中排解自己的疑惑。拿护肤品的说明书来讲，我们很容易就可以知道我们该怎么使用它。如结尾的最后着重提示我们"如果产品不慎进入眼睛中，请用清水洗净"的字样，抓重点让我们一目了然。

所以一个较好的说服过程，肯定是需要分清主次的抓重点。如果我们能将这种条理性应用到说服当中，肯定会增加说服的可靠度，也更能让别人接受你。

当我们在说服一个人的时候，别人的心里面可能比我们还纠结，他们心里会做各种可能性来进行比对。如果这时候，我们还说着一些没有条理性的话，抓不住重点的话，会使他们更烦躁，从而排斥我们。要好好利用我们说服别人的论据，将论据整理清楚，这样我们才能有条不紊地将说服进行到底。

好钢要用在刀刃上，好话要说到点子上。我们在与人沟通说服的时候，会遇到很多的情况，着重强调的因素也会随人的不同而改变，所以我们要随着别人的想法而考量我们下句话的重点。当我们的话每一句都能契合对方心里所想的地方，那么他们肯定会接受我们的说服。所以，说服别人不仅要考验我们的应变能力，也是在考验我们的整理能力，只有两者相结合，我们才能在说服的领域之中无往而不利。

❀ 说服要点

　　我们想要说服别人，首先就要把论据整理好。只有有条不紊地将论据说出来，才能增加成功的概率。

● 简短和系统地说话

　　简短和系统地说话会给人一种干净、利落、爽快的感觉。干练的人和别人交流的时候，说话就十分简短并且系统，他们说的每一句话，都直接并且有内涵。当我们听到这些人说话的时候，我们不用去猜疑，他们斩钉截铁的说话方式，让我们不得不去信任。

　　历史上，很多人都喜欢简单的说话方式。

　　我国著名的作家林语堂出席毕业典礼，作为最后一名演讲者，他一反之前两名教授冗长枯燥的演讲，只说了一句话："绅士的演讲，应该如女士的超短裙一样，越短越好。"台下顿时掌声雷鸣。

　　林肯在葛底斯堡言演讲，只用了2分钟，10个句子，就获得了台下听众热烈的掌声。

　　里根前妻简·怀曼因在《约翰尼·贝林达》中成功地扮演了一位聋哑母亲而获奖，她的话简短而有趣："我因为在影片中一言未发而获奖，我想我现在最好还是再一次缄口不言。"

　　喜剧电影大师卓别林在1971年被授予奥斯卡荣誉奖时，面对台下不断的掌声和欢呼声，他眼含热泪，十分动情，只说了一句话："此刻，言语是那么多余，那么无力。"

当我们想要说服别人的时候，如果用很拖拉的语言，会让说服的时间延长。长时间的交流，不仅让人找不到方向，还会让人产生困乏感。所以我们要在说服别人的过程中，尽量地省略那些不必要的"废话"，要尽可能使用简短并且系统化的语言进行说服。系统而简短的话才能起到强有力的作用。

我们在交流当中，生怕别人听不懂我们的意思，于是就反反复复。这样的焦虑并不能让别人更好地接受你的观点，反而让对方对你产生猜疑。做人和说话是一样的，简单有效的沟通方式，才更能让人接受。因为那是一种自信的表现。

某公司招聘会计，由于对岗位要求不算高，而且只限招一名，所以过来应聘的人并不算多。某日，有两位大学生过来应聘，人事主管看完两人的简历后，感觉两人能力相当，一时难以决定将谁留下，于是要求他们做一番自我介绍，以便确定留下哪位。

闻峰思维活跃，主动开始自我介绍："我来自北京某名牌高校，在校期间成绩优异，曾获得多种奖励，工作踏实认真，任劳任怨，学习能力较强，能按时完成领导交代的事务……"他滔滔不绝，仿佛对职业前景充满了无限信心，主管听完略微点了下头，继续听下一位面试者季然的自我介绍，然而季然只是简单地说了几句："我觉得要想做好咱们会计工作，主要做好以下两点：听从上级指导安排，保证账目清楚明朗。"

主管听完后，对季然的回答印象特别深刻，也更加赞赏，于是最后决定留下季然，而没有选择录用闻峰。

那么，为什么自我介绍简单的季然被顺利接纳，而费力争取、全面介绍和展示自我的闻峰反而没被录用呢？

季然之所以被录用，一是因为他的回答不落俗套，令人眼前一新，二是因为他的介绍条理清楚，突出重点，他非常明白会计这项工作的主要职责，只要自己抓住重点，表明态度就自然可以给主管留下好的印象。而闻峰则是眉毛胡子一把抓，一味长篇大论的描述和突出个人能力，而忽视了工作职责与个人能力相关的那方面内容，听者从其谈话中捕捉不到自己需要的那部分信息，也自然难以对其产生好感。

有个成语叫"醍醐灌顶"，这个词用来形容人受到启发，恍然大悟。如果我们用拖拉的语言来进行沟通的话，就不会产生"醍醐灌顶"的效果。因为越是拖拉，就越会让人捉摸不透重点，抓不到中心思想。并且，拖拉的话并不能立竿见影，因为它不具备那种一针见血的说服性。所以，当我们要说服别人的时候，我们是希望别人尽快地明白我们要说话的意思，而不是让他用漫长的时间进行思考。

我们都看过电影，真正的好电影看完之后让我们感觉心神畅快。一部好电影之所以好看，重点就在于，好电影的剧情不拖拉。网络上有个词语"尿点"，就是指一部电影有些地方会让我们觉得无聊。我们如果过于拖拉地讲话，就会让人产生"尿点"。我们要谈的话像好电影一样，剧情紧凑，台词简单明了，并且富有逻辑性。当然，我们在不拖拉的时候，还要注意语言的表达方式。直接的方式确实不拖拉，但是太过直接的说话会让别人心里产生防备感。说话要好听，还要将中心思想表达到位，这是我们应该学习总结的。

"如果一个人说起话来长篇大论，这就说明他也不甚明了自己在说什么。"高尔基曾这样说道。这一句话简明扼要地说明了说话拖拉的坏处。在生活中，有两种人最喜欢拖拉地说话。其中一个属于领导，另一个就是家里的父母。当我们在听他们说话的时候，我们就是抓不到重点，只是听他们随心所欲地表达他们的想法，这些想法也往往并没有真正的到我们的脑子里。同理，当我们要说服一个人的时候，我们如果长篇大论地唠叨，别人也记不住我们说什么。

既然明白说话简短的重要性，那么我们也应该知道，说话的内容都要围绕中心的论点。只有说话说到点上，再加上强有力的语言，才能让我们在说服中无往而不利。

🏵 说服要点

在说服别人时要尽可能地使用简短的语言，才不会让人心生厌烦。而要使用简短的语言，就需要系统化地整理论据。要做到知己知彼，一语中的，这样在被说服者的心里才能溅起涟漪。

● 重要的是达成下一步

虽然有时候，看起来你已经把对方给说服了，让对方在你的思维逻辑里一直打转，此刻的他相当于已经向你缴械投降了，因为他们已经顺从你的思维。你在这场说服的过程中已经取得了胜利。但是，这只是说服的胜利，最关键和最重要的是达成下一步，下一步决定你们是否会团结合作。

其实最终的合作才是说服的目的，才会让我们的目标得以圆满实现。所以说，我们在说服的过程中，一定要懂得抓住那些有利于成交的关键时刻，果断地敲下合作的木槌。只有让双方达成合作的协议，双方合作的双手握在一起，对于这次说服，我们才会全然放心。在那一刹那，我们才会感觉到巨大的成就感，这仅仅是因为我们促成了这次的合作。

生活中，一个具有说服力的人，他不仅要传达出能够引起观众在意的信息，同时还要展现他的谈话技巧。只有他的观点是有道理的，容易理解的，才能与对方达成共识，才会有利于下一步的说服行动。就比如你想钓到一条肥美的鱼，那么你就要像鱼一样去思考，想着鱼最喜欢吃什么，对什么感兴趣，才可以把它引上钩。只有当你对鱼了解得越来越多了，你才会钓到越来越多的鱼。

　　有一次，张琳去上海出差，他陪同某个公司的销售代表孙先生去拜访一个重要的客户。因为他在英国的时候曾经与孙先生有过一面之缘，所以应孙先生热情的邀请，张琳就抽时间去他公司拜访他，顺便也想体验一下国内一线销售人员的工作模式。

　　在我国，如果按照国内的销售流程来说的话，销售人员在完成最基本的礼貌寒暄之后，开始介绍公司的商品以及服务。但是在孙先生十分熟练并且流利地讲完公司产品的各项优点之后，张琳发现客户的关注点已经不在这边，而已经把视线转移到其他地方了，根本就没有认真地听他的说明，也没有看孙先生拿过来的样本上的产品。

　　由此可以看出，客户关心的问题并不在产品的质量上，而是转移到了"为什么我要买你的东西"这个问题上来，但是孙先生却丝毫没有注意到这一点，依然在那里滔滔不绝地按照销售的流程介绍着，浑然都没有注意到对方的表情以及想法。

　　结果大家想想也就知道了，过了几分钟之后，那位客户实在是听得不耐烦了，于是就打断了孙先生的话，说了句："知道了，有需要时，我会跟你联系的。"然后很礼貌地把孙先生送走了。因为当时张琳在旁边，孙先生一直在不停地说，他也没有找到合适的机会开口，只能眼巴巴地看着孙先生出丑。

　　如果在孙先生拜访之前，能够多了解一下客户，能够站在对方的位置去思考的话，了解对方的想法，可能就会非常顺利并且很自然地将他说服了。他们的这次销售拜访几乎是一无所获的。

销售人员在销售过程中，尽管都希望能完成交易，但是并不是每一个人都能够做到这一点，其中很多人都是因为不能看清楚对方的需求，所以也就无法把销售战略作一下调整。其实，我们要学会满足对方的需求，按照他们想要的，给他们进行针对性的讲述，再加以说服。只有这样，才能引起对方与你交谈的意愿。那些善于交际和能言善道的人，往往在接触的第一分钟之内，就能够找到双方感兴趣的话题，从而引发彼此交谈的兴趣，与对方尽快地建立起友好合作的关系，从而达成合作。

爱默生和他的儿子想把一头小牛弄进谷仓中，他们想尽了一切办法，这头小牛都无动于衷，不肯进谷仓。爱默生使劲往前推，儿子使劲拉，但还是没有用。那头小牛和他们的想法一样，只为得到自己想要的才愿意屈服。所以它的两腿拒绝前进，坚持不肯离开牧草地。这一情景刚好被一个爱尔兰妇女看见了，她把自己充满母性的小指头放进小牛的嘴里，小牛轻轻地就被她引进了谷仓中。这个故事告诉了我们一个简单的道理：只要能够满足对方的需求，就可以让对方乖乖地听从自己的驱使了。

苹果公司前任总裁乔布斯知道一个专业消费者的真实需求就是希望利用个人电脑能够为他们工作带来便捷。同时乔布斯也知道原材料的供应商他们的真实的需求就是建立他们电脑行业的业务基础。正是有了这样的说服准备，乔布斯才能在每一次的说服中取得成功，并且达成下一步的合作。

有时候在说服的过程中，我们需要通过掌握对方的心理需求进而来说服对方，这是一种很有效的说服方法。并且在说服的时候，我们还要善于抓住对方的心理诉求，通过与对方的不断接触，来验证你平时对他的揣摩，慢慢地你就会很自然地比别人具备了更加敏锐的洞察力。

那么为什么在说服别人的过程中，有些人能够很快地说服对方，与其达成合作，就是因为他们的言行总是能够从对方需求的角度出发。在说服过程中，如果你能够重复对方的话，让对方感觉到你们之间步调一致的话，那么他就会对你产生好感，你也就能快速地说服对方，并且也能够为自己在进行恰当的反击之前赢得思考的时间。

在达成下一步之前，我们要做到善于捕捉对方那些言语以外的信息，留心观察对方，善于从对方的肢体语言中来寻找对方真正关心的问题，同时，还要学会适当地掩饰你想要说服对方的目的性，避免给对方一种被强迫的感觉。

❧　**说服要点**

只有懂得洞察别人的内心，善于分析别人的心理，我们才能真正地把握对方的想法，最终获得对方的信任以及青睐。

Chapter 5

必要的身体语言，会增强话语的诚意

人的所有心理细节都可以通过身体动作得到展现。听其言而观其行，就可以判断一个人的内心想法，从而准确地认识他人，了解他人。如果我们能够熟练地运用肢体语言，就能够帮助他人更好地明白我们所说的话，使他们理解我们的意思，听懂我们的观点。

● 让肢体语言为你的说服加分

在人与人的沟通交流中，不同的体态影响着讲话者所传达的信息。人不经意间做出的肢体动作反映出了当时的心理活动，心理产生变化时，通常都会通过肢体语言来表达。虽然我们无法看透对方的大脑，但通过肢体语言，也能了解对方的内心想法。一项科学调查显示，在讲话者所要表达的所有信息中，通过非语言渠道传递的信息占了93%，其中，38%来自于声音、语调等因素，另外55%来源于表情、手势等肢体语言。

手势是最自由、最强有力的肢体语言，当我们与人交流或者上台讲话时，总是会使用手势。眼神也足以传情，摇头晃脑中也暗藏着巨大的语言信息。

总之，人的所有心理细节都可以通过身体动作得到展现。听其言而观其行，就可以判断一个人的内心想法，从而准确地认识他人，了解他人。

反过来说，既然肢体语言暗藏了这么多信息，那么，我们在说服一个人的时候，也可以多多发挥肢体语言。在讲话时，如果我们能够熟练地运用肢体语言，就能够帮助他人更好地明白我们所说的话，使他们理解我们的意思，听懂我们的观点。这样，我们也就能更加轻松地说服对方了。

英国曼彻斯特大学的两位研究员曾做过这样一项实验研究。

实验者招募了一些志愿者作为被试者，然后将这些志愿者分为两组。实验者给不同的被试者讲述的都是同一些事——一些跟卡通人物相关的故事。当然，这些卡通人物都是被试者们耳熟能详的卡通明星，如兔子罗杰，小鸟翠迪和它的死对头大猫西尔维斯特。

虽然要讲述的故事是一样的，但是实验者在讲述时的方法却是不同的。在向其中一组被试者讲故事的时候，实验者会配合一些简单的肢体动作，以便展现故事的情节和场景。例如，实验者在讲到跑步的时候，双手快速摆动，同时身体随着双手的摆动而做跑步状；在讲到吹风机的时候，实验者会用手拨弄头发，模仿头发被风吹着的样子；讲到令人伤心的事情时，实验者还会捶胸顿足，显得悲痛懊恼。

而对另外一组被试者，实验者在讲述故事的时候没有配合任何肢体动作，只是单纯的语言叙述。

故事讲完后，实验者开始测试被试者们对刚才所讲述的故事的记忆及掌握程度。结果显示，当实验者配合肢体动作讲述故事时，被试者们对故事细节的掌握是那些只听了故事的被试者们的3倍。

从上面的实验中可以看出，恰当的肢体动作能够增强个体对所讲述事物的理解和记忆。这个实验也表明，谈话时使用手势、身体动作等肢体语言能够吸引对方，增强其对所谈话题的关注，促进沟通的效果。

一定的肢体语言能够吸引对方注意力，加强对方对所谈话题的理解和记忆，但是某些不恰当的肢体语言不但起不到这样的作用，反而会令对方产生反感，比如和对方谈话时跷二郎腿，会让人觉得不被尊重，所以当我们与人沟通时，还要多注意自己不经意间展露出来的不恰当的身体语言。在说话时养成良好的习惯，注意自己的站姿和坐姿，在说话时不要四处张望，心不在焉，以免引起对方的反感。

如果你坐下和别人聊天，不要转动铅笔或者玩弄衣角，这会分散你的注意力，让对方觉得你不够稳重，没有自制力。你要控制你的身体。当你准备讲话时，无论你是站着还是坐着的，都要挺起你的胸膛，显出有自信的样子。

不管是面部表情、手势和身体姿态，我们都要把握一个准则——最自然的姿态是最正确的。不自然，意味着没有活力。卓越的传道士吉普希·史密斯曾使几千人信奉了基督。在他传教的时候，手势很自然，一点都不做作。

当然，我们不仅要学会如何使用肢体语言，我们也应该学着去观察别人的肢体语言，来分析这个人的性格。有些人说话下意识地会咬自己的嘴唇，说明这个人内心慌张；有些人喜欢搓手，说明他内心不安；有些人喜欢摸鼻子，说明这个人言不由衷。我们可以通过观察这些人的举动，来调整自己说服的话语。

现实生活中，老师站在讲台上讲课的时候，会用肢体语言来让枯燥的课堂增添乐趣。

经常能看到一些领导，在说服我们干某件事的时候，总是手舞足蹈的，让我们被他们的肢体语言所感染。由此看来，必要的肢体语言是说服时必不可少的东西。

如果我们在说服别人的时候，总是放不开自己，没办法放松自己，就会让别人厌烦。我们如果总是一本正经地说服别人，会在无形之中给别人带来了压力。所以，我们在说服别人的时候，不能总是用太过苍白的语言，适当地加上一点肢体语言作为渲染，增强说服的效果。

❀　说服要点

　　肢体语言也是说服别人的重要因素。善于使用肢体语言能渲染气氛，在说服别人的时候，能增加别人对我们的关注度，从而更有利于我们成功说服对方。

● 关注不经意间的小动作

也许我们并没有发觉，在我们与人交流的时候，一些不经意间的小动作会不由自主地展露出来。比如，在与人交谈时，我们有时候会托下巴、摸脸、摸膝盖、搓手、双手抱胸、捋头发、交叉双腿……这些小动作并不是我们故意为之的，它是我们潜意识的流露，所以能在一定程度上反映我们内心的想法。

与人对话交流时，这些不经意间的小动作就会暴露你内心的感受。当然，这些潜意识中不由自主地展示出来的小动作有些是有着积极意义的，有些是有着消极意义的。当我们注意到了这些小动作的时候，如果加以警惕，就能阻止自身再去做一些消极意义的小动作，主动去做一些富有积极意义的小动作。生活中，我们要学会培养那些富有积极意义的小动作，让这些小动作成为丰富自己表达个人思想的良好的肢体语言。

央视《开心辞典》的节目主持人王小丫以她标志性的手势和动作、出位的发型和着装使亿万观众为之倾倒。

凤凰卫视当家花旦陈鲁豫被誉为"天生的访谈家"。她在节目中所表现出来的温和聆听的姿态，举手投足间的情感流露，无不打动着电视机前的每一位观众。她的微笑、泪水、双手合十抵住下巴的动作，给落泪的嘉宾递纸巾的小动作以及睁大眼睛发出"天哪""真好"时的表情，都清晰地印在观众的脑海里，使人们记住了一个亲和、不谄媚、富有责任感和同情心的主持人。

美国哥伦比亚广播公司《现在请看》节目主持人默罗，用他那深沉而又富有说服力的声音、严肃的表情和庄重的举止，为其树立了一个正直而富有公信力的形象，并且开创了电视界的"默罗时代"。

从案例中可以看出，这些富有积极意义的肢体语言能够帮助主持人塑造深具魅力的形象。他们将那些容易感动人的小动作熟练运用，使他们在主持领域脱颖而出。所以，这些富有积极意义的潜意识小动作便成了他们给自己加分的"秘密武器"。

但是，那些不良的小动作常常会坏了我们的好事。

比如有的人站着说话的时候，喜欢双手插兜，将自己的手完全放在兜里，不让它透露出任何信息，这其实是人的一种不自信的表现。当别人注意到我们这一点时，就会认为我们是一个不够自信的人。再比如说，双手抱胸是一种拒绝的姿势，我们在说服别人的时候，虽然想要达到让对方信服的目的，但在不经意间采取了双手抱胸的肢体语言，那么最后就可能难以达成说服的目的。因为双手抱胸的姿态所暗含的意思是在拒绝对方，也就是含有不愿同对方交谈的意味，这样就容易使对方产生厌恶。

当然，还有一些小动作可以反映出他人的心理，如果我们懂得观察，通过关注小动作来了解对方的心理，也能为我们的有效说服提供依据。

最近，道格拉斯与一位委内瑞拉的客户进行了一场很成功的谈判。谈判结束后，道格拉斯还特意邀请客户一起吃饭。两人谈得很投机，而且都有一种相见恨晚的感觉，所以这顿饭一吃就是4个多小时，但是吃饭过程中，道格拉斯注意到，这位客户将腿拐到了与他的身体成直角的位置，这只脚好像要自己离开似的。

于是，道格拉斯下意识地问道："您是不是有事要离开？"

客户回答说："是的，很抱歉啊，道格拉斯先生，也许提前离席太不礼貌了，但是我确实有一件很重要的事情要处理一下，真是不好意思啊，不过能够认识您这样的朋友是我的荣幸，希望您不要因为我的匆忙离开而生气，好吗？"

道格拉斯忙解释道："怎么会？怎么会？大家是好朋友，肯定能体谅的。耽误您这么久，非常抱歉，也请您原谅！"

道格拉斯通过关注客户的小动作了解到了对方想要离开宴席的心理，善解人意的他主动替对方道出了他的想法，让对方去处理自己要紧的事，这也表现了道格拉斯的豁达与尊重。而这样的说话方式也会让对方感到满意，从而在内心感激道格拉斯先生。

在现实生活中，我们要想让对方为自己办事，就要多关注对方的一举一动。学会从小动作上分析对方的心理，从而正确做出判断，让对方满意，这就是一种会办事的方式。

所以，在现实生活中，我们不仅要注意自己的小动作，还要学会关注对方的一举一动。

当我们在说服别人的时候，就要注意自己的小动作。每个人心里都有自己的想法，如果不想被他人一眼看穿，那么就要注意将自己身上那些带有负面情绪的小动作隐藏掉。如果对方的话语激怒了我们的时候，我们心中一定是不快，但为了掩饰自己心烦气躁的情绪，我们就要注意自己的小动作，更别让自己的小动作出卖了自己。

说服一个人是一个让他从心理上不愿意到愿意的过程。在说服的过程当中，我们就要注意对方不经意间的小动作，以此来分析对方的心理活动。在毫无防备的情况下，那些小动作和下意识的行为就会反映他们内心最真实的想法。所以我们要注意观察对方的行为举止，从而达到有效说服。

❀ 说服要点

不经意间的动作更能表现出一个人的真实想法，所以我们要注意观察别人的小动作。当然，这些小动作也会发生在我们自己身上，所以在整个说服别人的过程中，我们应该克制自己消极的小动作。

● 通过眼神来说服一个人

人际交往中都有一个从陌生到熟悉的过程。当我们和别人相处的时候，我们都希望可以在人际交往当中如鱼得水。所以，我们要想在沟通中成为强者，那么我们必须要在第一面的时候给人一个好印象，才能获得别人的喜欢和信赖。

从心理学上的相互性效应来说，如果你的交流对象，在与你沟通的时候感觉到了敌意、被轻视或者其他不好的情绪，他通常不会喜欢或信任你。所以，我们要传递给对方一种被喜欢与接受的感觉。

这种感觉从何而来？除了从我们的穿着、说话上表现出来外，还会从我们的目光中表现出来。眼睛是心灵的窗户，人的一切想法和神采都可以通过眼睛捕捉出来。

我们的双眼无神地注视一个人的话，会给人一种漠视的感觉。我们要注视对方的时候，一定要保持心情愉悦，那样我们配合面部表情注视别人会更让别人觉得亲切。当然，肯定有害羞腼腆的人，不敢与别人目光接触。但是，我们只要适当地注视别人的眼睛就好，那样比没有注视的效果要好很多。

我们在说话时，注视对方，就会让对方感到我们对他的尊重，反之，则会让对方产生厌恶，我们要说服一个人，那么就要多关注对方，通过眼神来说服对方。

田超单身很久了，一直没有合适的结婚对象，所以，他只好通过相亲的办法来寻找另一半，但是多次相亲下来，依然没有觅得佳缘。

有一次，小姨给他介绍了一个落落大方的女孩，在双方对彼此的第一印象感到满意的条件下，他们俩就开始了交往。从生活习惯、兴趣爱好谈到人生理想、婚姻家庭，两个人在很多方面都有相似的认识和看法，彼此似乎情投意合，眼看着一段美满幸福的姻缘就要成就了，但最后，女孩却提出了分手。

本来彼此谈得挺好的，也都有好感，可女孩最后为什么要分手呢？田超百思不得其解。原来，在双方交往的过程中，女孩从来没有"心跳"的感觉。

女孩认为，两个人如果情投意合的话，彼此看对方的眼神应该是热烈的，可她从来没有从田超的眼里看到这一点。也就是说，他们每次交往的时候，不管是看电影、吃饭还是闲聊，田超从来没有认真注视过她，即使视线朝向对方，也是很快就移开了，这让她感觉到，他并不是真的喜欢她，爱她。

生活中，在与人交谈时，很多人和田超一样，忽略了"注视对方却又不关注对方"这一点，心想，与对方谈话，一直觉得视线朝向对方就可以了，却不知正是这种状态泄露了你的想法，也让对方反感。

其实这很好理解，如果一个人在与你交流时，他的目光从不放在你的身上，你是否会感觉自己不被重视，甚至开始厌恶对方？而如果对方用一种放空的目光注视着你，你是否会觉得对方可能只是因为礼貌在强迫自己注视，却没有将心思放在你身上？

所以，在生活中，我们要想说服一个人，就要多用眼睛来关注对方，而不是避开对方的目光，让对方感到不受重视。

关注对方的举动，不仅能表现你对他人的在乎，还能表现出你对别人充分的尊重。

谁都喜欢勤奋积极，并且善解人意的人。当我们说服别人的时候也是一样的，如果我们用眼神关注对方，就能让对方感受到我们的真诚。例如，我们在对方喝咖啡的时候，看到别人要拿咖啡杯，我们不如将咖啡杯慢慢推过去。

这样更能增加别人对我们的好感，在说服的过程中，也可以尽可能地减少别人对我们的防备心理。所以，当我们说服一个人的时候，要多用眼神关注对方，关注别人的举动时学会友好地帮助他们。

当然，我们在帮助别人的时候，也不能动作太大。如果我们动作幅度太大的话，会让别人受宠若惊。

在说服过程中，我们做出大幅度的动作的时候，会让别人觉得我们太过夸张。这样不仅不会减少别人对我们的防备心，更能让别人产生遐想，会觉得我们图谋不轨。

关注别人的一举一动，了解对方的心里想法，对我们说服有很大的帮助。因为，礼貌和尊重都是相互的。我们尊重对方，对方也同样会尊重我们。

那么，我们说服对方的时候，对方会充分考虑我们的意见。因为给对方留下了好印象，让对方有安全感。所以，他们可以更好地接受我们的观点。

❀ 说服要点

我们不仅要学会注视对方，还要学会观察对方的动作，并且力所能及地帮助对方。要注意，动作幅度不可过大，不要让对方觉得我们图谋不轨。

● 利用微笑，增强吸引力

如果你不是一个善于控制情绪的人，那你所有的表情都将写在你的脸上。你的面部表情将会传达着你的喜怒哀乐，对人对事的态度或其他信息。

一般情况下，最重要的面部表情是微笑，它是体现出你的真诚的最好最简单有效的面部表情，是拉近你和沟通对象距离的重要武器。微笑是人类的基本表情之一，也是全世界通用的一种语言，它向人们传递着亲善、友好、真诚和尊重。在和陌生人的沟通之中，微笑可以说是一种屡试不爽的"武器"。卡耐基曾说过："做一个真诚微笑的人，微笑会让人觉得你非常友善，他会明白你的心意——'我喜欢你，我很高兴见到你。'"

泰戈尔说过："当人微笑时，世界会爱了他。"微笑在人与人的沟通中拥有着微妙而永恒的魅力。比如，演讲时，微笑可以拉近与听众的距离，还可在听众心中留下自信、从容的好印象。

注意，微笑时，不能笑过了头，嘴咧得太大会显得傻乎乎的。尤其忌讳皮笑肉不笑，这会让人觉得很虚假，不可信，最好是发自内心地笑。而且，不是什么时候都要微笑的，不同的场合要有与其相应的面部表情。比如，参加重要会议、处理突发事故，就应该是严肃认真的面孔。如果致悼词，表情应该是庄重含悲的。

威廉·怀拉是美国一流的人寿保险推销高手，年收入高达百万美元。他成功的秘诀就在于拥有一张令顾客无法抗拒的笑脸。

威廉曾经是美国很出名的职业棒球明星，但他一直喜欢推销这一职业，所以在40岁退休后就去应征保险公司推销员。他自负地认为以他的知名度肯定会给保险公司带来利润，保险公司怎么会把他拒之门外。可是他错了。保险公司的人事经理说："保险推销员必须有一张迷人的笑脸，而你却没有。"听了经理的话，威廉这才意识到原来自己是一个吝啬的人，一个连免费的微笑都不肯给别人的人。

于是，威廉下决心苦练笑脸，他每天在家里放声大笑，还搜集了很多迷人的笑脸照片，把它们贴满屋子以便随时效仿。为了寻找微笑的真谛，他买了一面与自己一样高的镜子摆在房间里，每天都对着它大笑，并且不断比较。最后，他终于悟出"发自内心如婴儿般天真无邪的笑容是最迷人的"，并努力学着露出这种最迷人的笑脸。

现在，借助微笑的力量，威廉已经成为美国一流的保险销售员。

微笑是培养感情的最好语言。利用微笑，可以使很多误会化为乌有。同时，微笑给人传递了一种温馨的感觉，这种感觉让对方愿意跟你保持感情联系。

微笑是人与人之间最好的交流武器。情感交流并没有我们想象中的那样可怕，只需要你一个简单而轻松的微笑就能搞定。

一个人板着脸孔说话，就好像把自己的感受都隐藏起来，就算是滔滔不绝地说话，也会让人感觉冷冰冰的。对方也会觉得你对他的谈话是没有激情的，从而疏远你。但是，如果热情一点，多多微笑，那就能拉近彼此的距离，体现出你的真诚。所以，当我们在一个个长夜里反思白天的得失时，或许我们最应当问自己的一句话就是："今天你笑了吗？"

你的确需要丰富的表情来表达你的真诚、兴奋、热情，从而令你的说话显得更生动和富有吸引力，让沟通对象更容易接受，更容易受感染。微笑是一种神奇的东西，弗莱克·弗莱奇在为科林公司所设计的一幅广告中曾经这样写道：它耗费无几，却收获甚多；它让得到的人受益匪浅，同时又不会让施予的人蒙受损失；它可能只存在一瞬间，却能够留下永恒的价值。没有任何人能够富到不需要它的地步，而穷人却能够依靠它富起来；它给家庭带来快乐，让人们在生意场上获得好感；它使疲倦的人得到休息，使沮丧的人看到曙光，让悲伤者看到太阳；它买不来、偷不到，在你将它赠与他人之前，它一文不值。

当我们神经紧张的时候，微笑会使人舒缓神经，谁都喜欢对方笑脸相迎，所以我们要用微笑来使对方放下戒备。当我们笑脸相迎的时候，别人可以看见我们诚恳的态度，这样一来说服别人就很简单了。

当你的沟通对象是戒备心比较重的内向者时，带上微笑和友善去说服吧。

❀ 说服要点

微笑是一种武器。学会微笑不仅在说服他人的时候很重要，在日常交往中也很重要。真诚的微笑更容易打动人心，所以利用微笑来增强吸引力，在说服中才能无往而不利。

● 借助手势，表达你的心声

一个人可以利用他的肢体语言来替代他所要说的话，肢体语言更能让对方明白你要讲的意思。相比语言来说，肢体语言更生动形象。一个人的形象气质，也可以靠着手势、举止等反映出来。在肢体语言中，手势语言是最常用的，也是非常重要的，所以，我们在说服一个人的时候，完全可以借助手势来表达自己的心声。

在西方的商业领域和政治领域，人们很重视肢体语言的作用，很多大牌的人物都会把肢体语言的培养当作一项重要的功课。这种良好而有意的训练，造就了他们优雅的举止以及富有感召力的体态。

皇族成员从小就开始接受正规、传统的皇家礼仪训练，他们的每一个举止都流露着自豪、高贵和优雅。无论你多么不喜欢查尔斯王子，但不得不承认的是他确实能从众多普通人中脱颖而出。他的双手永远不会防范性地放在腹前，而这个微妙的动作，可以把皇族和久经风云的大政治家区分开，把一个自信的人和一个腼腆的人区分开。

"V"是丘吉尔首相的经典手势，它是英文"Victory"的第一个字母，表示胜利。在丘吉尔当选首相的时候、发表演说的时候、盟军登陆诺曼底的时候、法西斯势力土崩瓦解的时候，他总是特意伸出食指和中指，做出一个豪迈的"V"形手势，以表达自己的喜悦之情。现在"V"形手势已成为世界通用的手势了。

法国的戴高乐也有自己特有的手势，比如说他每次发表演讲时都会耸起肩做出要抓住天空的手势，以此来煽动人们的情绪。

利用手势语言来增强说服力并不只限于政界或演讲中，在商业活动或日常的人际交往中要想增强说服力或得到对方肯定时，肢体语言也是十分重要的"道具"。

心理学家认为，谈话的时候运用手势语言可以有效地吸引到对方，让对方的注意力更为集中，这样就可以促进我们彼此之间的交流的效果。不仅如此，我们要尽可能地利用多种肢体语言，让对方对讲话的内容理解更深刻。所以，当我们说服别人的时候，要确保对方在听到我们的话语的同时也能看到我们的手势，使对方更容易理解我们谈话的内容。另外，当我们处于紧张状态时，肢体语言也会随之僵硬，这时我们会产生坐立不安的感觉，也就很难说服人，所以我们在说服别人的时候，要保持放松，至少不要给对方造成压力。

我们不仅要学会利用手势，还要规避那些不雅的手势。比如我们在说服别人的时候，采取了双手抱着肩膀的姿势，那么此时说服的效果一定会大大降低。不正当的肢体语言也会导致我们说服失败，所以在说服别人的时候，我们不仅要注意自己的语言还要注意自己的手势和行为。

当我们在说服别人的时候，随着时间的推移，两个人会下意识地模仿对方的肢体动作。

有项研究中表明，当我们交谈时如果我们摸脸的话，对方会摸脸的概率达到20%；如果我们抖腿的话，对方抖腿的概率达50%。所以，如果我们在打手势的时候，也可以感召对方，使得对方模仿我们的手势，让对方下意识地做到感同身受。

当我们开心、兴奋的时候，总是会伸出两只手指，那是胜利的手势，我们通过这种手势向别人传达自己兴奋的情绪。对于这种胜利的手势，相信大家都已经习以为常了，也就是说只要我们做出那个手势的时候，它就能反映出我们的内心是喜悦开心的。

球星进球的时候，总会用庆祝的手势来传导他们兴奋的程度；领导在开会的时候，也会用手势来传达他的心情。所以，用手势来表达我们的心声在生活中很是常见的。一些电视节目中的主持人如王小丫、鲁豫、杨澜等在与嘉宾沟通，与观众交流的时候，也会用一颦一笑、一举手一投足来表露出她们的心声，而这也正是她们的魅力所在。所以，利用好手势语言来与对方交流既可以拉近我们与对方的距离，也可以达到借助手势成功说服他人的目的。

当我们说服别人的时候，有时情绪不免激动，用手势来表达我们的心声，让对方也能了解到我们激动的心情，从而调动他们的神经，让他们跟随我们语言和手势的节奏，这样才能更好地说服对方。但是，我们也要注意，在说服别人的时候，手势不能运用过度，最多不超过五个，也不能过于夸张，太多的手势或过于夸张的手势就会分散对方的注意力，让对方不再将更多的注意力放在我们的话语上。

而且，幅度大的手势还会让我们显得特别浮躁，容易给对方留下不可靠的印象和错觉。所以，我们的手势最好不要太多。

❁　**说服要点**

利用手势可以表达我们的心声，让对方更直观地了解我们的内心想法。并且，通过手势可以拉近彼此之间的距离。但是，我们在与别人交流的时候，手势幅度不宜过大，太大的手势会让人觉得浮夸，不可靠。

● 和对方进行适当的身体接触

在人际交往中有一个安全距离，这个距离是不得逾越的，也就是说，生活中我们要采取恰当的距离来同对方交往。我们在和人谈天说地的时候，总会留出一些距离，这个距离因人而异，一般来说，人与人交往时面对面的距离要有1.2米那么长。

如果超越了这个安全距离，有些人会下意识地后退，有些人也可能突然会脸红。所以，当我们越过了安全距离，就会使对方对我们增加防备的心理。

在人际交往中，为了和陌生人建立好的关系，我们会想办法拉近彼此之间的距离。

想要说服一个人更是需要增加对方对我们的好感。当我们向他人表示友好的时候，相互之间会握手，这是一种礼节，更是一种尊重，而握手就是双方适当的身体接触的方式之一。除此之外，情侣之间的牵手，朋友之间的拥抱，都是适当的身体接触。在说服一个人的时候，适当的身体接触会给我们带来意想不到的效果。

莉莉是一名清洁剂销售员，一次，她前往一个陌生的地方进行推销。在一个社区里，她碰到了一位40多岁的妇女，根据对方的衣着打扮，莉莉确定这是一名家庭主妇。

于是，莉莉快步上前，准备和这位妇女搭讪。没想到，莉莉还没有来得及开口，对方就冲着她说："小姑娘，不用跟我搭话了，你是做销售的吧。这个小区时常来推销人员，你不用浪费时间了，我对你的产品不感兴趣。"

听完妇女的话，莉莉急中生智，回答说："大姐，我不是来推销的。"说着就把手伸了过去与妇女握了握手。"我一听这话就知道您是一个理智的消费者。我今天不是来推销产品的，主要是想针对公司的产品做一个问卷调查，像您这种购物有道，勤俭持家的人，是最有发言权的。我的问题很简单，就耽误您一分钟，好吗？"说着又把手递了出去，妇人下意识地又握了握她的手，说："好吧，你问吧。"

莉莉随即问道："请问您平时喜欢用什么品牌的清洗剂，您觉得清洗剂主要有哪些方面的用途呢？"

于是，妇女根据自己的生活体验，谈起了自己喜欢使用的清洗剂品牌以及清洗剂的使用经验，莉莉连连点头。妇女说完之后，莉莉回答说："我虽然是一名清洁剂销售员，但我发现你对清洁剂的认识和使用比我还有经验，你简直就是这方面的专家。你刚才跟我提到了几种清洁剂在生活中的主要用途，而我想说的是，我们公司的产品可以提供十余种额外的用途，你有没有兴趣了解一下？"

妇女说："好呀！"

握手是一种礼节。当我们接触对方的时候，别人也会反馈给我们一些积极的反映。故事中的莉莉，就是用这个握手呈现出了一种恳求的态度，让别人下意识地进行肯定。这才让妇女对莉莉的态度发生了变化，从而使莉莉的销售变得十分顺畅。

社会学家们通过实验表明，接触对方的手肘和手臂也可以获得积极的反映。当然也不是在任何时候，都可以有积极的反映。接触时间过长会导致对方的警觉，当对方盯着我们的手的时候，也会产生防备的心理。所以，想要通过接触对方的身体来获取回馈，我们就要出其不意，才能达到我们想要的效果。

在看很多电视剧中，我们都能看见，当女方祈求恋人的时候，会握着他的手，不断地摩擦，从而起到消除对方疑虑的作用，并安抚对方的情绪。我们在与家人、情侣产生矛盾时，尤其是恋人没有安全感的时候，我们不妨试试摸摸对方的手。

小的时候，父母哄我们或者说服我们的时候，都喜欢摸我们的头。毫无疑问，这些举动可以让我们感觉心安。有的人，喜欢用拥抱来表达友好的态度。

研究也证明，那些经常被拥抱的人比长时间不拥抱的人要健康得多。人类最好的接触方式就是拥抱，很简单的一个动作，却让两个人最大程度进行身体接触。感觉对方的心跳，感觉对方的呼吸。拥抱不仅会给予人心里的温暖，还可以消除人的疲劳，消除焦虑。当然，中国人可能不习惯拥抱。那么我们可以采取握手或者搀扶来进行触碰。时机恰当的握手可以为我们赢取别人的信任，所以，不管是作为礼仪还是彰显自己个性，我们都不能吝啬我们的手。在生活中，我们避免不了要与别人进行肢体的触碰，所以，我们在说服别人或者交流的时候，要保持自己手掌时刻处于干净的状态。

🏵 说服要点

适当地进行身体接触，更能让对方信赖我们，消除对方疑虑。所以，我们在进行说服的时候，要利用好肢体接触。而且，出其不意的接触最能让对方反映出真实的内心活动。

● 训练自己对肢体语言的敏感度

在沟通的时候，多了解对方的肢体语言，对我们非常重要。通过别人的肢体语言获取的信息，比从别人嘴里听到要真实得多。为此，我们也应该提高对肢体语言的敏感度。

二战结束，日本投降仪式在美舰"密苏里号"上举行。美国陆军五星上将麦克阿瑟代表盟军在投降书上签字时，突然招呼陆军少将乔纳森·温斯特和英国陆军中校亚瑟·帕西瓦尔，请他们过来站在自己的身后。众所周知，在1942年，温斯特和帕西瓦尔曾分别在菲律宾和新加坡向日军投降。两人都是刚从战俘营里获释，乘飞机匆匆赶来的。

麦克阿瑟将军的举动让人吃惊。因为这两个位置应该属于那些战功赫赫的常胜将军，为什么麦克阿瑟将军把这份荣誉分配给了两个当了俘虏的人？

其实，这里边大有深意。当年，这两位将军都是率部苦战，在孤立无援的情况下，为避免过多无谓牺牲，才放弃抵抗而投降的，并且投降都是来自上级的旨意。

签字仪式结束后，麦克阿瑟将军还把签署英、日两种文本的投降书的其中两支笔，送给了温斯特和帕西瓦尔。

麦克阿瑟可谓用心良苦，他用这一特殊的方式，向这两位尽职的将军表示尊敬和理解，向他们为保全同胞的生命而做出的个人名誉的巨大牺牲表示了感谢……

案例中，麦克阿瑟巧妙地避开了用语言向两位尽职的将军表达尊敬和理解的方式，而是用行动来表达他的敬意。麦克阿瑟对肢体语言的敏感是很多人无法达到的。

其实，在生活中，我们也应该训练自己对肢体语言的敏感度，在适当的时候，灵活地运用自己的肢体语言来说服别人，能够达到比话语说服更精妙的效果。

古时有句话："读万卷书，不如行万里路；行万里路，不如阅人无数。"其中的阅人无数，就是听人说话，看人行动。想提高自己对于肢体语言的敏感度，就要多与人接触。那些事业有成的人，无一不拥有察言观色的能力。

而那些需要更高观察力的职业从业者，比如警察等，观察能力更强。这是因为他们在工作中的不断锤炼练就了"火眼金睛"。我们在生活中不用刻意地去观察，只需要多留心身边人的小动作、面部表情和肢体语言，并且结合他当时的心情，进行简单的推断就可以了解对方的心理状态。

待客之道，人各不同，想掌握被说服者的心理，诚属不易，但我们应眼明手快，迅速地判断出被说服者是哪种类型，从其肢体语言的表现，应该就可以窥探得知。面对不同的接待方式，我们大致把被说服者分为九种不同类型。

一、性急型：此类被说服者性情急躁，容易动怒，对其想要的进行说服，应迅速阐明自己的观点，使其觉得我们动作快，切莫让他感到不耐烦。

二、慢性型：这类人一般行事作风都比较谨慎，所以要有耐心倾听，再以诱导谈话方式与被说服者沟通，促使其接纳最合适的建议。

三、沉默型：从其动作或表情中留意其想法，发呆或者是走神的情况比较多，所以，进行回答也必须谨慎，因为他如果开口问了的话就证明他感兴趣了。所以面对这类被说服者，必须仔细观察其肢体语言，想尽办法让他对我们的说服感兴趣，这样我们的说服才能正中其下怀。

四、健谈型：有发表欲倾向的个性，很容易探查其动机及对我们的意见，从其侃侃而谈当中，应该不难掌握其偏好，只要适时说服，应能成功。

五、踌躇型：眼神不定，难作决定，必须详细说出我们的观点，并设法排除其抵抗心理，只要其心中有安全感，必能两全其美。

六、严肃型：外表斯文，自尊心较强，好面子，所以在对谈时要客气谨慎，使其感觉到，必能两全其美。

七、疑心型：个性属于难以相信别人，务须了解其疑问点，耐心一一说明，解开其心中的各个问号，获取对方的信任，那么我们便成功了。

八、挑剔型：对此类被说服者，切忌多言，或与其恶言辩论，细心听取其批评，了解其内心偏执的原因，也许是曾经听了他人的意见而导致的。这类被说服者很难搞定，但是如果我们说服成功，他们对我们从此也不再心怀芥蒂了。

九、知音型：自命内行，对我们说的都是似懂非懂的状态，应设法迎合其意，争取共鸣，有时也可以请教的方式来与其沟通。

❀　**说服要点**

了解肢体语言，提高对肢体语言的敏感度，就不会出现自己被别人看穿的尴尬情况。肢体语言很少具有欺骗性，所以，我们要利用它的真实性，来帮自己说服对方。

Chapter 6

运用说服技巧，让人无条件跟你走

　　说服是要讲究方法和艺术的，要说服一个人去做他根本不愿做的事情，是有难度的。只有你学会巧妙地运用语言的艺术，真正感染他人，你才能成功地说服别人。只有这样，他们才会认同你的观点，并且还会乐意为你做事。

● 有选择地组合信息，说自己该说的话

在说服的过程中，我们只有将自己说服的语言以及话语变得更加有力，才能很快获取对方的信任感，达到说服别人的目的。我们要说服他人，最主要的就是要关注论据，如果对方在某种动机的引导下，而我们的论据有力并令人信服，那么他们就很可能被你说服。而我们在那一刻所要做的就是不断地重复我们所要表达的信息，使之进入人们的潜意识中，从人们的潜意识里改变他们的思维以及观点，一直到他们完全接受。

对于生活中那些分辨能力极差的群体，有些说服者会向他们提供一些让人不假思索就接受的外部线索，而不去真正关注这些信息的真实性和他们提供的论据的可靠性，就是这样极差的说服者，也能够左右一些人的思想。但是在当今的市场上，这种说服已经没有市场了。因为他们不懂得有效地组合信息，不知道哪些话该说，哪些话不该说。

任何能够成功地说服别人的话语，都来源于有效的表达。因此，只有选择地组合对方感兴趣的信息，我们才能成功地说服对方。我们想要说服他人，就必须要知道，要想成功地说服他人，我们就要提供强有力的论据，目

的是增强被说者进行思考的动机以及他们的能力，才能让我们的说服对他的作用更长久一点。

在我们生活的周围，那些广告商、传教士和教师，他们在社会中的角色似乎也和说服者差不多，把自己的思想以及看法传播给广大观众，信教徒和学生，他们并不是想要引起这些人对这些信息的关注，而是让他们明白这些思想之后，通过这些思想来改变他们的行为。他们既能够提供非常有力的、能够让人信服的论据，又能够去引导对方进行思考，这样才会引起人们改变他们的行为，并且会维持得相对久一些。

总而言之，我们想要让对方成为那种乐于思考的人，我们就要使用一些启发性的策略来激发他们，让他们迅速地做出判断。我们应该将哪些信息有选择地进行整理和组合，突出那些你想表达的观点，选择有利的论据，提出那些对人们有害的信息，向对方呈现出一种能够看到希望的方向和道路，进而来引导对方向你已经设定好的路线前进。

为此，有一位医生和一位心理学家，他们一起联手做了这样的一个实验：

这是两个自愿献血的男生，他们都很强壮。在抽血的时候，医生先把这两个男生的眼睛给蒙了起来。然后在他们的胳膊上扎上皮筋，扎针，开始抽血。当医生抽完血之后，告诉他们每人抽了400毫升的血。但是实际上，医生只抽了其中一个人的血，对于另一个人只是做做样子，并没有真的抽他的血。

但是那个人不知道情况，以为自己和同伴一样被抽了400毫升的血。这样，持续了一段时间之后，那个被抽血者有了一些生理反应，根据医院的仪器显示，这个人的身体的一些指标发生了不同程度的变化。但是奇怪的是，另外一个没有被抽血的人，他的身体状况的各项指标也发生了同样的变化，经过检查，他们的各项指标的下降程度是一模一样的。

那个没有被抽血的人，一直都蒙在鼓里，他以为自己同样也被抽了血。这样就产生了非常严重的后果。

他在这种有选择的信息暗示情况下，让自己在潜意识里自觉地向抽血后的不良反应靠拢。所以说，他的生理反应不是缘于身体的失血，而是因为他的这种心理现象所造成的。

有选择地组合、并向对方提供信息，关键就是要对方发现可知觉的信赖性，我们也可以获得对方对我们产生的最终信任。人们都认为，如果说服者能够站在对方的角度去思考问题，那么这个说服者所说的话，就一定是可信的、是真诚的。

当一个平时非常吝啬的人，突然要对一起人身伤害事故提供慷慨的补偿，这就会具有很强的说服力，直接导致人们对他的印象发生巨大的变化。如果一个平时就很和蔼并且很慷慨的人，当他提出补偿时，收到的效果却是一般的。

所以，某些举动常常会极大地改变人们对别人已形成的印象，这就是因为这些有选择的组合信息所导致的结果。但是他也可以强化某一方面的认知，也可以打破一个人的思维定势，从而引导事情向你期望的方向发展。

当然，如果你在说服的时候，能够为他们提供他们偏好的东西，你会很快地得到你想要的回应，但是如果你能够向对方展示吸引力和为他提供偏好，那么就算是一次用词很少的谈话，也可以增强彼此之间的感情，也可以让你很快说服对方。

我们也可以选择在人们转移了注意力，以及没有足够的时间去认真思考的时候，选择通俗易懂的表达，这样会比那些新异的表达更具有说服力。这对于一个外行或者是注意力不集中的人，这样的表达方式或许会更好一点。我们要学会在适当的场合说适当的话，学会有选择地组合信息，让说服更加顺利。

❀ 　说服要点

　　在说服别人的时候，一定要懂得运用一些说服技巧，让人无条件地跟着你走。这是说服别人的关键。有选择地整理和组合信息，才会获得别人的信服，才会让别人对你更加信赖，才会让自己成功地说服对方。

● 用目标牵着对方的鼻子走

目标就像是一艘航船的航标，有了航标，船在大海上才不至于迷失方向的。我们在与他人交流的过程中，如果你不知道你们这次谈话的主要目的，或者是在这次谈话中你被对方的想法完全吸引，那么此刻的你已经在这次谈话中迷失了方向，被对方牵着鼻子走。

本来是你要说服别人，但是最后成了客户说服你，与你原先要达到的目标偏离甚远，你甚至还有可能陷入对方的圈套中。

目标过大，或者是没有目标的人，是很容易在说服的过程中迷失方向的。为了避免在与顾客的交流中迷失自己，我们必须要将目标设置得合理。这就需要我们将大的目标分解成一个个小的目标，并且这些目标还是我们能够在近期内实现的，能够看到结果的。只有这样的目标能使我们更有动力。

那些遥远的不切实际的目标很容易让人失去方向感。因为你的目标太大，会导致你无法知道这次沟通是否真的靠近了目标，即便是靠近了也无法感觉得到。而那些没有目标的人，说服与不说服对他们来讲，都已经不重要了。

因为他们没有目标也就没有压力，没有压力也就没有成就感。所以一个人的目标对于他的提升是很有效的。一个人有了目标，就有了追求，有追求你才会想尽一切办法去解决。

在一个公司中，如果每一位业务员都没有业绩的话，我想这个公司维持不到三个月就会面临着倒闭。所以说目标不管是对于个人来说，还是对于公司来说都是很重要的。目标就像是一种期望，它会带给人一种不断前进、实现期望的动力。

如果一个人心中没有目标，机会再好也没有用。对于那些刚刚进入职场的年轻人来说，面对大客户的时候，他们往往会忙乱了阵脚。在与客户的沟通中，常常是被客户牵着鼻子走，完全丧失了还手之力。他们对自己制定的目标太小了，以至于影响自己潜能的发挥。记住：在销售行业，再棒的业绩也是人做出来的，没有哪条规定说新手就不能做出大的业绩。

故事是发生在一片荒芜的大沙漠中，一位父亲正准备带着他的三个儿子一起去猎杀骆驼。当他们到达目的地的时候，父亲问大儿子："你看到什么？"大儿子环顾四周之后回答："蓝天、白云，还有一望无际的沙漠，还有沙漠中的骆驼。"父亲听完后，不置可否，继续问第二个儿子："孩子，你看到了什么？"二儿子也四处看了一下，说："蓝天、白云、沙漠，还有沙漠上的骆驼和我们这些行人。"对于二儿子的回答，父亲依然摇摇头，继续问第三个儿子："儿子，你看到了什么？"只见儿子眺望着远方，只说了两个字："骆驼。"父亲高兴地摸着三儿子的头说："我们就是来找骆驼的。"

从这个故事中，可以看出在这三个孩子当中，只有老三没有忘记这次来的目的。老大和老二因为在他们眼中关注的信息太多了。反而分散了他们对目标的关注。试想一下，当你闭上眼睛，一分钟之后再睁开的时候，回忆一下在这一分钟的时间里，有多少个想法掠过你的脑海，有的人或许在这一分钟内可能会产生十几个甚至是几百个，而念头少的人也会有三到五个。一分钟的时间里产生这么多的念头，而我们又要在这么多的念头里面去分清自己的思路，看清楚真相，这绝对不是一件容易的事情。因为我们关注太多，而忘记目标的事情，在我们日常的工作中不少见。

管理学家彼得·德鲁克在1954年在《管理实践》中最先提出"目标管理"的概念。彼得认为生活中的人们不是因为有了工作才有了目标，而是有了目标才能确定每个人的工作。所以我们必须要学会将一个企业的使命和任务都转化为前进的目标。如果一个岗位上没有目标，那么这个岗位很快就会被撤销。在一个企业中，管理者都是靠目标对企业的员工进行管理的。根据一个企业的组织结构图，我们可以看出每个企业中，企业的最高领导者确定目标之后，会将目标进行有效的分解，把它们转换成为阶段性的以及个人的目标。只有通过这样的途径，管理者才可以方便对员工进行考核。这是一个企业管理好员工的宗旨。

目标对于管理企业起着十分重要的作用，但是目标对于销售人员也是需要一定的影响。当你们面对客户的时候，记住顾客的需求永远要放在第一位，先要问清楚客户的需求是什么，根据客户的需求提供几套可行的方案。如果你是新手，你就要注意你的服务和语言的技巧，如果你担心会服务得不周到，你可以坦诚地问客户，需要什么样的服务。当顾客知道你希望服务周到，怕怠慢了他们的心理，他们会对你增加好感。

其次就是要满足客户的需求了。当然，你在客户面前，不能随便暴露自己要说服别人的目的。你要将这个说服客户的大目标，分解成无数个小目标，每次沟通中，一步步地进行，这样一切就不在话下了。这样我们不但不会迷失自己，并且也可以提高我们的工作效率。

🪷 说服要点

想要说服那些对于你来说比较困难的客户，就要讲究方法，随时明确自己心中的目标，只有锁定目标，我们才不会轻易地被别人牵着鼻子走。

● 学会造势，让自己先占据主动

再好的说服者，如果没有人来衬托，效果也未必好。人与人之间只有通过对比、宣传，才会让人知道他的能力。

同样，对于一件产品，也需要好的推广才会被众人周知，在当前竞争如此激烈的社会和信息如此发达的今天，对于一个急需要开拓市场的企业来说，如果可以制造点声势，提高企业的知名度，这个企业就会以最快的速度获取利益。

在美国，利用名人效应为自己的产品造势也是很不错的选择。说服美国总统帮你做宣传，帮你卖书、卖自行车、卖衣服等这些东西，听起来好像是天方夜谭，但是这也不是不可能的事情。生活中只要你敢想敢做，能够策划得好，即便是国家领导人也会成为影响你产品走势的一个重要的因素。

每逢周末或者节假日，在大的商场的门口，好多商家都会利用轰动效应来吸引过往行人的注意。这是商家为自己的产品做宣传的大好时机，他们一般都会做一些大型的活动，来制造自己的声势。即便是路边的人不经意走过，眼睛也会不由自主地瞄过去看一下。

在现实生活中，要想让别人知道你的产品好，你的宣传必须要做得好，想要获得好的效益，就一定要善于制造声势，尽全力把场面做大。为自己造势，不仅可以赢得顾客的信赖，还可以为这个产品获得很好的声誉。1985年在香港地区西铁城公司就利用制造声势为手表做宣传，最后它的手表获得了香港地区多数人民的认同。

1985年5月的某一天，在香港闹市区的广场上聚集了很多人，大家都在向天空仰望着，不知道大家都在看什么。后来经过打听得知，在几天前，西铁城公司在几家知名的报刊上面做广告，广告上面说为了答谢新老顾客的厚爱，要在一个特定的时间内空投手表。并且在报纸上郑重承诺，如果空投的手表质量出现问题，或者是发现捡到的手表当中有摔坏的，顾客可以凭借此表到西铁城公司指定的地点换取高于此表十倍价格的现金。这么好的机会，谁也不愿错过。而且，如果你捡到了一块坏手表，还可以领取高于手表十倍的现金。多好的事啊，真是百年难遇！

到了那天，大家都纷纷来到西铁城公司指定的投放地点。他们为的就是能够接到西铁城公司空投的手表。突然，人群中不知从何处冒出来一句："来了，来了，直升机在那儿！"人们的头都立马齐刷刷地仰起来。这时，只见一架标着"西铁城公司"字样的直升机盘旋在广场中央。此时，两幅巨大的标语伴随着"刷刷"的巨响从飞机上滚落出来。其中一副对联是：想要无烦恼，请用西铁城手表。另一副对联是：观产品好坏，请看百米高空赠表。

广场上的人高声呐喊之后，紧接着就见一只只闪闪发光的西铁城手表从天而降。大家很快就成了抢表大军。第二天，香港市民公布的坏表率只有万分之八的时候，市民们都被这个数据惊呆了。无数香港市民称赞这表的质量很好，最后就连西铁城最普通的款式都被人吹捧成香港市面上最好的手表。正是依靠这次的宣传，西铁城公司很快就在香港和内地的市场中占据了极大的份额。西铁城的造势取得成功，同时也为公司做了一次不错的宣传。

西铁城公司的这次的活动有很多点是值得我们学习的地方。首先，他利用直升机做广告，这个想法具有创造性；其次是商品的赠送方式也很新奇——采用高空赠表。一般情况下，我们获赠的商品都是在我们购买了定量的商品之后，商家才会赠送的。而这次活动中最重要的一点是坏表可以换取十倍于表的现金。就是这样一个承诺，抓住了广大顾客的心，人们都认为这么高的地方抛下来，手表肯定会摔坏的。但如果你拿到的是摔坏的手表，西铁城公司承诺这块摔坏的表可以换取高于十倍的价格。这是公司在向消费者证明他们公司的手表有着值得消费者信赖的质量。

当今社会，公司为了提高自己的知名度，有的会借助名人效应为公司做宣传，有的会利用轰动效应来做宣传。借助名人的威望来制造声势，也不失为一个良策。因为名人往往能在社会上起到一呼百应的作用。只要你是一个足够好的策划者，借助名人的效应就可以使你的产品得到很好的宣传。只有这样，才可以让你的产品更加具有说服力。

我们想要扩大产品的宣传力度，想要赢得更多的客户，就可以利用名人效应或者轰动效应制造声势，进而能够打动消费者的心。但是造势的秘诀又是什么呢？我们利用机会或者制造机会去创造出强大的阵势，为公司的产品形成巨大的影响力，这就是造势的诀窍所在。但是造势也要讲究尺度和诚信。造势也不能太过，太过的话，结果可能就会将适得其反。

❀ 说服要点

有些人，总是会把握住机会，选择在合适的时候制造声势，商家们更是争相运用造势让自己的生意越来越火。

● 让他人不自觉地跟你走

运用语言的技巧说服他人，就是针对不同的人要施展不同的语言技巧。就像是美国田径运动员刘易斯说的："找到一双适合自己的鞋，然后系紧鞋带，这就是我跑得最快的原因。"

世界上，人心千奇百怪，每个人都有自己的想法。就像是读一本书，一千个读者就有一千个哈姆勒特。不论你是做哪一行，不仅要有技术，还要学会在自己的嘴皮子上下功夫。一句话说出来可以令人悲痛欲绝，一句话说出来也可以让周围的人破涕为笑。

世界上的人千千万万，当你在工作或者生活中与对方意见不合时，你要记得把握住语言的艺术，说服他接受你的想法。只要你能找到说服对方的切入点，巧妙地运用语言艺术，想要说服对方就不在话下。

说服是要讲究方法和艺术的，要说服一个人去做他根本不愿做的事情，是有难度的。只有你学会巧妙地运用语言的艺术，真正感染他人，你才能成功地说服别人。只有这样，他们才会认同你的观点，并且还会乐意为你做事。

在上海一家五星级酒店，外宾们用餐之后纷纷离去，这时，一位外宾顺手就把精巧细致的景泰蓝筷子悄悄地放进衣兜里。这一幕刚好被路过的服务员看到，只见她缓缓地走向这位外宾，双手向这位外宾递送过来一个精致的盒子，盒子里装有一双景泰蓝的筷子，她对这位外宾说："您在就餐的时候，我发现您对我们的筷子爱不释手，同时非常感谢您对我国工艺品的喜爱。为了表达我们的感激之情，我代表酒店，将这双进行过严格消毒并且图案精美的景泰蓝筷子送给您，并且按照酒店的'优惠价格'给您打个折扣，您看好吗？"

这位外宾当然明白服务员的意思，在他表达了感谢之后，解释说自己是喝多了，所以他错把筷子装进自己的口袋里，实在是不好意思。然后，这位客人顺势给了自己一个台阶下，说："筷子没有消过毒的是不能使用的，那我就以旧换新吧！"说着，就将筷子放在了桌子上。

每一个人都会有做错事的时候。但是很多人都会用谎话来保全自己的面子。如果你发现了这个问题，直言不讳地告诉对方这种行为是错的，估计下次你们见面的时候，他就要躲着你了。一切事情的处理都是要讲究方法的，否则只会让事态变得严重。如果你给对方留有余地，一般来说，对方也会买你的账，并且他们还会记住你，他们会因为你的嘴下留情而不断地感激你。

当你想要说服某个人，我们应该注意的是应使用恰当的语言，激起对方的共鸣，给对方一种愉悦的感觉。我们要使用创意新颖以及富有艺术感的语言，让我们的说服具有美感，我们才能展开与对方的心理攻击，才可以达到良好的说服效果。

在与人沟通和交流的时候，我们要学会增强语言的感染力。只有让你的语言打动对方，能直击对方的心理，我们才能够有效地说服对方。

北京的一间胡同的理发店，这里总是宾客盈门，关键的原因是这家店的师傅不仅手艺好，而且还是一个能说会道的人。但是随着生意越来越好，他忙不过来。于是老师傅又急匆匆地招了一位徒弟，这个徒弟不仅能干，并且老实。但是他有一个缺点就是不善于与顾客沟通。面对顾客提出的问题，他总是回答不上来。

有一天，当这位徒弟给一位老先生理完发的时候，老先生照完镜子说道："小伙子，你给我理的头发也太短了吧，显得太张扬了。"徒弟一下子脸红了，不知道该怎样说。这时师傅笑着说："老哥，这你就有所不知了，像您这种年龄就不适合留长了，长了的话显得不利落，你看看我这头。我们上了年纪的人哪，就应该留短点，这样才能显出我们的精干和年轻！"老先生一听，顿时哈哈大笑地说："是呀，老弟，我们都应该越活越年轻。"

从上面的小故事中可以看出：不善言辞的人，不知不觉就会把周围的人给得罪了。而会说话的人，不仅可以让自己的生意变得越来越红火，并且会获得周围人的青睐。

俗话说得好，在与人交流和沟通的时候，记得要在嘴上给别人留足面子，得饶人处且饶人。每一个人都是有尊严的，并且每一个人的尊严都不准别人去践踏。如果你遇到事情一味指责别人，不会巧妙地运用语言艺术，转换一下场景，不懂得帮助对方摆脱尴尬的场景，你自身的利益会受到很大的损失。反之，如果你能运用恰当的语言说服别人，你的利益就不会受到损失，也能获得周围人的青睐。这岂不是两全其美的事情，这样也不会让大家都陷入糟糕的境地中。

🌸 说服要点

时刻能为别人保留颜面的人，一定是社交场合上的佼佼者。不要吝啬你的一两句体谅别人的话，正是这些话让你在保住他人颜面的同时，还能够体现出你的宽宏和大度。

● "新"观点更具吸引力和说服力

我们在一成不变的生活中，总是希望能找到一些新奇的东西。用新鲜的东西打破那些常规的事情，这来源于人的猎奇心态。在与人交谈的过程中，我们是否可以将一些新奇的观点用在说服别人上呢？答案是肯定的。当我们遇到一些新奇的事物，我们总会不知不觉地被其吸引过去，想去一探究竟。同理，如果我们在说服别人的时候，能够抓牢对方的猎奇心态，展开说服，那么就可以很轻松地引起别人的注意了。

新观念是建立在老观念基础之上的，要想让新观念更有说服力，我们就必须颠覆老观念，这样我们才能让被说服者有新鲜感。但是，我们要想利用新的观点来说服对方，一定要让对方觉得有理才行。如果新观念说得无理，没有任何依据，对方可能就不会买你的账。

王明是一名优秀的推销员，他最大的一个优点就是，在顾客拒绝他的推销时，他常常能够成功地扭转推销败局，让顾客重新认识乃至选择他们的产品。

一次，王明打电话向一名顾客推销公司生产的矫形床。电话打通后，王明说："您好，您昨天来我们公司看过一款矫形床，我想征询一些您对这款矫形床的看法。"

顾客回答说："噢，是这样，我听朋友说矫正床太硬了。我虽然不想要一张弹簧床，但那张床确实太硬了。"

王明问道："我不太明白您的意思，昨天跟您交流的时候，您说希望床能够对您的背部提供一些支撑，现在改主意了吗？"

顾客说："不是这个意思，我只是担心床太硬的话，会加重我的病情，那样我就不如睡软床了，虽然我不喜欢睡软床。"

听完，王明回答说："这的确是一个值得重视和考虑的问题，现在我想知道的是，这是否是您唯一选择放弃我们公司这款矫形床的原因呢？"

"是。"顾客回答说。

王明随即说："那您完全不必担心，我们公司有新款矫形床，它是在矫形专家的指导和监督下设计生产的，绝对不会对您的病情产生不利影响。而且，我们公司有一套完整的个性化定制服务，如果您真的无法接受矫形床的硬度，我们也可以按照您的要求专门给您定做一张，您看如何？"

"那太好了，我明天就去你们公司看看。"

最终，王明成功地向该顾客推销了一张矫形床。

客户对矫形床的认识还停留在过去的观念上，为了说服客户，王明推出了新的观念，即"我们公司有一套完整的个性化定制服务，如果您真的无法接受矫形床的硬度，我们也可以按照您的要求专门给您定做一张"，正是这句话，一下子让客户改变了对之前事物的看法，让客户有了猎奇的心态，这是这单生意能够成功的关键。

社会始终是在发展的，当我们接触旧的事物的时候，可能就已经有新的事物出现了。当我们要说服一个人的时候，就要给他灌输新的思想，利用新观念来打破旧观念。我们一定要清楚对方是因何而拒绝，他对事物的看法和观念在什么水平上，这样才能方便我们说出新观点，以引起他们的兴趣。

《我是歌手》这个电视节目已经到第三季了。它利用的就是老牌明星改编老曲。那些经典的流行的歌曲，在他们的演绎之下变成了新的歌曲，这对于观众来说是一种特别享受的过程。

观众在听到这些歌曲之后，脑海里就会想："熟悉的曲子变成这样也挺好的。"恰恰是这种推陈出新的举动，让这档栏目越来越火，也成就了几位明星。

人们对新鲜事物充满了好奇心。从我们最早的按键手机，发展到现在的触屏手机，这不单单是90后、80后在使用了，连70后有的也会玩儿这些高科技了。

电脑也从最开始的寥寥无几，变成现在家家都有了。这些就足以证明，新鲜的事物会更容易让人接受。所以，当我们提出新观点的时候，一定要比原来的更新，更有说服力，这样运用激发别人好奇心的方式就能达到说服的目的。

当我们要利用这一方法来说服对方的时候，一定要明白对方对于新鲜事物的态度。因为有些人属于保守派，他们不愿意接受新鲜的事物，他们与你提出的新观点正好相反，这个时候，说服就会变成争辩，这也是不好的。所以，我们还是要多观察对方，了解对方，再加以技巧的运用，才能达到我们想要的目标。

🌸 说服要点

我们在说服对方的时候要学会利用新的观点来吸引对方，利用人们的好奇心引起他们的注意。但我们也要注意对方是否能接受我们的观点，赞成我们的观点。

● 利用自己人效应获取对方好感

　　两个人的关系很好，其中一方就很容易接受另一方的观点还有立场。当对方提出很难的要求的时候，他们也会比较容易接受。这就是自己人效应，就比如说面对同一个观点，如果这是你喜欢的人说的，那么你接受起来会比较容易，如果是你讨厌的人说的，你就会本能地加以抵制。不管是商场还是官场，一切都遵循着："是自己人，什么都好说；不是自己人，一切按规矩来。"

　　在人群中，如果其他条件都相等的时候，人们往往会喜欢那些有才华和有能力的人。因为每个人都需要一种力量指引着他们走向正确的道路。当一个有才华和有能力的人与他们打交道的时候，他们就会产生一种正能量，可以指引着他们在与人打交道的时候可以得到提高而不至于退步。所以说这种人会产生一种很强的人际吸引力，也会令他人对你产生一种敬佩的感觉。他们会把你看作自己人，与你接近。这就是自己人效应中的能力吸引，如果你要强化你的自己人效应，你就应该重视你的能力和才华的提高。

但是如何强化你的自己人效应？首先就是要让他人确认你是他们的自己人。

林肯曾经说："一滴蜜比一加仑胆汁能够捕到更多的苍蝇，人心也是如此。假如你要别人同意你的观点，就先使他相信：你是他的忠实朋友，即'自己人'。用一滴蜜去赢得他的心，你就能使他走在理智的大道上。"

当我们在演讲时，可以巧妙地利用自己人效应来对每一个话题进行引入和切出，这样会达到事半功倍的效果。

1858年，林肯竞选美国上议院议员，他在伊利诺伊州南部进行演说，成功地说服了想要谋杀他的人。当时那些奴隶主对废奴者非常仇恨，也对林肯到这个地方进行废奴的演说恨之入骨。他们当时就发誓：只要林肯来，一定要把他置于死地。林肯在演说之前，说："伊利诺伊州的同乡们，肯塔基的同乡们，听说在场的人群中有些人要和我作对，我实在不明白为什么要这样做，因为我也是一个和你们一样爽直的平民，我为什么不能和你们一样拥有发表意见的权利呢？朋友们，我并不是来干涉你们的人，我也是你们中间的一人，我生于肯塔基州，长于伊利诺伊州，和你们一样，是从艰苦的环境中挣扎出来的，我认识伊利诺伊州的人和肯塔基州的人，也想认识密苏里的人，因为我是他们中的一个……"

林肯根据当时的情况，先把自己与当时听众的情况以及和他们相类似的经历联系在一起，使听众和他一起形成强烈的认同感。他的话语可以直接把敌对的状态变成大声喝彩的状态，最后让那些原本要和他作对的听众也变成了他的支持者。

林肯在演讲中就运用了自己人效应，将危险的场景转换成安全的场景。

演讲是一种信息交流，所阐述的观点就是建立在演讲者与听众之上的。如果你们之间的这座桥梁建设得好，就可以把听众吸引到演讲内容的范围中来，可以建立听的同步效应。

当我们在进行信息传递的时候，我们会运用自己人效应吸引听者，只有这样才会更加容易与别人沟通。

下面让我们来听一下加里宁的演讲，加里宁是一位前苏联深受广大青年学子喜欢的演讲家。有一次，加里宁被校方邀请做即席演讲。他在演讲中说："亲爱的同学们，我曾经也经历过像今天的你们这样的学生时代，我深知作为一名在校学生的追求和梦想。我的想法跟你们现在的想法一样，唯一的希望就是你们能好好学习，取得优异的成绩。这不但是你我的希望，也是家长的愿望，更是政府、社会以及老一辈人对你们的共同期望！"

从加里宁的演讲中，我们可以看出他演讲的关键所在，他从一开始就讲述自己的经历，说出他自己也曾有过这样的学生时代，他很能理解作为一名学生的所思所想，因此能与学生产生一种共鸣，以此来达成一种自己人效应，引起听众的注意力，使双方的关系更进了一步。他懂得换位思考，来鼓励和鞭策同学们好好学习，用优异的成绩回报家人，报效祖国。不仅让大家感到亲切，也激发了他们的求同感。

如果你想要说服一个人按照你的意愿或者是你的建议去做某事，你仅仅只是向人们提出好的建议是远远不够的。你可以强化人们心中的自己人效应，让人们喜欢你，并且避免让这些好的建议遭到拒绝。

当我们在遇到陌生人或者是在发表演讲的时候，我们应该强调双方一致的地方，让对方觉得你是自己人，只有这样，你提出的建议对方才会比较容易接受，你才能够更加轻易地说服对方。同时，我们还要尽量使自己与对方的地位处于一个平等的位置上。如果想要获得对方的信赖以及信任，我们先要缩短和对方的心理距离，与之保持平等，这样才能让双方处于一个和谐融洽的范围之内，只有这样才能提高你的人际影响力。

🌸 说服要点

利用自己人效应，会让对方更加信任你，从而和他们成为知心朋友，进而让他们接受你的建议，这样你才可以通过获取对方的好感说服对方。

● 巧妙地劝说别人

如果我们还一直采用常规的办法，想要说服别人的话，那么一定会白费气力。在这个讲究效率和策略的时代，我们必须要学会巧妙地劝说别人，才能赢得对方的信任，才能成功地说服对方。

信任是人际沟通的桥梁，如果你不能获得别人的信任，你就会活在痛苦之中。在说服的过程中，能够获得对方的信任，那么你就把对方说服了。用一颗真诚的心去对待对方，只有这样你才能取得对方的信任。

当你想说或者想做对自己有利益的事情的时候，人们一般都会对你的言语和行为表示怀疑，这是人性的本能。而当你换一种方式来表达这件事情的时候，人们的这种怀疑就会渐渐消失。但对于当事人来说，不要直接表达你要说的话的意思，你要学会借用别人的嘴，让别人来替你说话，巧妙地劝说对方。

要想获得别人的信任，你就要知道他们到底想要什么。只有这样，你才知道你该怎样去说服他。

在现实生活中，如果你能够站在对方的立场上，给对方提供他所想要的信息。相信你很快就会获得对方的信任。如果你能设身处地地为对方考虑，这也是说服对方的一个很不错的方法。只有在你进行换位思考的时候，你才能更加清楚地了解对方真正的内心需求以及他的心理动向，此刻你就应该知道怎样做才能说服他。

有人说，信任是一种滑稽的好感，人们往往求之而不得。我很认同这个观点，但是，一个人对于另一个人的好感，是不是也能通过一种巧妙的方法来获得呢？

其实，在这个世界上，如果你想赢得他人的信任，最简单的方法就是和他们谈论他们想要谈论的，想要完成这个任务，那么你一定要将提供给他们的信息准备充足，要做到别人说了上句，你便能接上下句。这是巧妙说服对方，并赢得对方信任的首要条件，因为很少有人会相信一个一问三不知，或是三棍子打不出一个屁来的人。你连话都说不出来，又何谈取得对方的信任？这是其一。

其二，话太多也不行，这就需要把握一个分寸，也就是说对方在意的话，说对方能听懂的话，而不能只说你自己想说的话，这样只会让对方转身离开。所以，你有充足的知识储备，但是你不能把你知道的一股脑儿都向别人诉说。就算你自诩是老师也不行，难道你的对象是学生吗？那听你的课，他们肯定早就睡着了。但是也有讲课非常有趣的老师，他们讲的是学生感兴趣的话题——换句话说，是学生需要的话题。所以，想要巧妙地说服对方，尤其是想博得对方信任的话，一定要知道对方想要的是什么。

成功学之父卡耐基在进行成功学演讲的时候，曾经租用了一家宾馆的礼堂来上课。有一天，他正忙着准备演讲，突然接到宾馆经理打来的电话，电话中说："礼堂的租金要涨价，并且要涨三倍，否则礼堂将要被用来举行舞会。"听到这个消息，卡耐基为此感到非常头疼。他想了想，就跑去和宾馆的经理进行沟通。

卡耐基见到宾馆的经理之后，他说："我刚刚接到您要涨价的通知，您的这个决定真的是让我出乎意料。并且我感觉这样的租金我也不太能接受。不过我知道这也不能全怪您。因为如果我是经理的话，我也会考虑为宾馆谋取更大的利益，这也是做经理所应尽的职责。"卡耐基停顿了一下，继续说道："您上涨的高昂的租金实在令我吃不消，不过经理，我觉得您这样做有点不太妥当。礼堂可以用来举行舞会，但是您为宾馆的长期利益考虑过吗？您这样做，就相当于撵走成千上万有文化和交际圈中的中层管理人员，而他们经常来这里听我讲课，这是您花多少钱也买不到的流动的广告啊！这将为宾馆带来多大的经济效益啊！"

听完卡耐基的话，宾馆经理又仔细地斟酌了一番，觉得他说得确实很有道理，最终收回了把礼堂准备用来做舞会的决定，并且卡耐基的租金也是按原价收取的。

我们不得不承认卡耐基确实是人际交流中的大师。当他的利益受到损害的时候，他并没有直接与对方进行沟通，而是站在对方的角度，从对方的利益出发，分析对方的利害得失。其实卡耐基才是这场对话中最大的赢家。而他，也切实地履行了我们上面所提到的两个方面：一、准备充足，二、说对方所想。

准备充分，因为卡耐基知道自己演讲的对象，是一群中产阶级。同时也知道，礼堂老板为什么要临时涨价。说对方所想，礼堂老板为什么要涨价，是因为他不喜欢卡耐基的演讲吗？不是，是因为将礼堂租给舞会，会获得更大的收益，很可能就是租给演讲的三倍。

于是，知己知彼的卡耐基开始发力，为礼堂老板剖析其中的利害，并最终依靠如此巧妙的劝说，不仅获得礼堂老板的信任，更是成功依照原价租下礼堂，如期举办了演讲。

🌸 说服要点

当我们在与别人就某问题进行争论，想让对方赞同自己的观点时，你就要学会巧妙地劝说他人，以理服人，赢得他人的信任。这就要求我们平时要多学习，多积累生活中的知识。

● 抛砖引玉，获得更大利益

双方谈判是两个人能力与知识的较量。在谈判桌上，想要说服对方，其首要前提是先要看清楚对方，了解谈判对象的兴趣、爱好，这对谈判会更有利。就像《孙子兵法》中有云："诱敌之法甚多，最妙之法，不在疑似之间，而在类同，以固其惑。"这里面讲述的也就是三十六计之"抛砖引玉"。其实谈判就是一场利益的战争，要想获得对方的认可，不如让自己先提出能够引诱对方的条件。就像是钓鱼一样，先要用鱼饵去引诱鱼，让鱼尝到了鱼饵的甜头，它才会乖乖上钩。

但是抛砖也是有很多讲究的。比如想要说服对方，你必须要在对方需要的时候，做出一定的让步，才会让对方对你的让步感激不尽，只有这样，你们才能进一步讨价还价，为自己争取最大的经济利益。但是如果你不注重时机的话，随意答应对方的条件，那样会让对方觉得你们让步的空间太大，对你的产品产生怀疑，并且在谈判中，你已经失去了先决条件，对方也会因此得寸进尺。

当然，我们说服的目的就是要说服对方同意我们的观点，达到我们的目的。我们要抱着帮助对方的态度，学会认清时机，认清对方的性格。在说服中，学会抛砖引玉很重要，我们要打开对方的话匣子，然后投其所好，顺水推舟，再将计就计地把他拿下。

新华书店向某个出版社购置了一批教材时，双方在合同中共同约定：30天内，出版社将这批教材发给书店，书店在收到教材的30天内结款。由于这个省份不少学校暑假都进行了补课，对于教材的需求也同样提前了半个月。新华书店也不能错过这个千载难逢的机会，于是就赶紧联系出版社看是否能够提前半个月发货。

其实，对于这批急需的教材，出版社在签订合同的第五天就已经顺利地入库了，提前半个月给书店发货，是没有问题的。并且，综合考虑一下，如果能够给书店提前发货，不仅可以减少库房的租金，还可以早一点拿到货款。因此，负责该项目的出版社教材部的小张听到这个消息之后，高兴不已。然而，有经验的小张却犹豫了一下，他想我如果一口答应书店的要求的话，对于我来说，并没有什么好处，不如就以此条件，让书店在这个项目上再给些优惠。

于是，聪明的小张在接到新华书店采购经理的电话之后，表示自己无权做主，需要请示领导。但是同时他反复向对方表示为了满足书店的需要，自己也会尽力同领导协商，争取可以早日发货。书店的采购员对于小张的这番心意感激不尽。

小张又继续说道："您知道，提前发货的话，我们就需要和印刷厂进行沟通，请他们连夜赶工印刷，这样势必会增加成本，我担心领导因此拒绝提早发货。所以为了增加向领导申请成功的概率，我想冒昧地问一下，如果我们能够提前送货的话，你们能给我们什么优惠呢？"

书店的采购经理听了之后，沉思了片刻之后说："如果你们能够提前半个月送货的话，我会再下单订1000本教材，因为补课，可能需要教材的人数会比较多。"

小张听完之后，心里暗自欢喜，但是仍对书店那边的采购员表示自己要先回去请示领导，然后尽快地给那边答复。

最终的谈判结果是，小张提前半个月将教材从库房运到书店，他不仅提前拿到了货款，而且又卖出去1000本教材。

小张不愧为谈判高手，能够抓住对方的心理，他并不确定对方的着急程度以及为此愿意付出的代价。于是，在故事中，小张就故弄玄虚，前来试探对方的情况，就是这一试，获得一箭双雕的效果。其实，在谈判中，所谓的抛砖引玉无非就是用小的牺牲换取更大利益，一方先做出让步，以此来诱惑对方做出较大的让步。

在说服中，要记得抓紧时机，满足对方的胃口，才能达到我们想要的目的，谈判是因为双方的立场不一样，角色也不一样，所以你要看准时机做出适当的让步，只有这样才能牢牢把握说服的主动权。

如果想要获得谈判的成功，我们在与对方进行谈判的时候，就要在谈判之前先掂量一下"砖"的价值是否能够引到"玉"，是否能够引诱到对方，当我们在明确对方的需求之后，我们再做出相应的让步，这才是明智的选择。

另外我们还要记得"抛砖"只是引诱对方的一种手段，而"引玉"才是我们最终的目的。所以当我们在给对方做出让步的同时，要记得提出自己的要求。要让对方明白让步并不是无偿的、没有价值的，而是让步是需要一定的回报的。

我们在说服对方的时候，还要注意分寸，防止对方以其人之道还治其人之身。因为在谈判过程中双方都是站在自己的利益上出发的时候，当你试图抛砖引玉的时候，你要慎防对方是否也和你此时心里想的是一样的。

❀ 说服要点

要想成功地说服对方，就先要看清对方，在对方最需要的时候做出让步，然后再提出你的条件，这样才不会让你的利益遭受巨大的损失。在整个谈判过程中，你一定要清楚你需要付出多少，最终能够得到多少。

● 最后一刻，掌握好说服的命脉

最后一刻，我们怎么能够清楚地知道说服到了最后的一刻呢？我们又如何知道对方的最后期限呢？按照简单的逻辑来分析的话，最后的一刻，就是谈判快要结束之时。在这个时候，我们可以利用对手急于打道回府的心理，来快速说服对方，达成协议。

下面是某公司的运营总裁给我们分享了这样的一个故事："有一次，我去亚洲国家去出差时，与一位厂长洽谈货物的采购。我们从早上九点开始，到了下午五点之前的几分钟，他才开始慢慢地让步，最后这份合约才如期签完。当时，我很是不解，于是就问我身旁的翻译，为什么非要熬到下午五点钟，而不是在九点半就完成交易。他告诉我，时辰尚早之际，这位官员还没有了解事情的动向。第二次到访之际，我把会议定在了四点钟，事情很快就得到了解决。"只有利用好最后的期限，才能增强你的说服力度，因为对方会觉得你是一个很有诚意的人，从内心里相信你。

在一般情况下，我们也可以从对方的各个细节和对方传递出的信息中去寻找说服对方的关键点以及如何进行谈判。比如说当我们在谈判桌上的时候，我们应该注意对方的言谈举止以及谈判的速度等。同时，我们还要注意打听对方的回程机票的时间、宾馆以及预定日期。

杰森近日要代表他们公司去日本出差，说服日本的企业家接受他们公司的合作条件。

当杰森乘坐的飞机到达日本的羽田机场时，两名日本企业的代表已经在机场的出口迎接了。这两个人热情地接过杰森的行李，带他坐上了已经等候多时的高级轿车，把他送到已经预订好的旅馆去。

在车上，他们相互交谈了起来。其中的一位日本的接待员问杰森："杰森先生，不知你预订的是哪一天的班机回去？我们好提前为你准备去机场的车子。"他们如此周到，让杰森有点感动。于是他当即拿出回程的机票，双手递给日本人。机票上明确写着返程的日期是在两周后。

还没有进行合作谈判事项，杰森就已经将自己的行程暴露了。而在日本方面，他们往往会把自己要与人谈判的最后期限视为机密，但是他们对于对手的最后期限，却是想尽办法一定要得到。

很显然，杰森没有意识到事态的严重性，就这样，这次谈判的主动权就全掌握在日本人的手里了。事情的发展按照日本人的计划如期进行着，而杰森呢？在到达日本后的10天时间里，日本企业每天派人带着杰森游览日本的名胜古迹，晚上他被日本企业的董事们分别邀请到家里去参加家庭酒会。每当酒会结束之后，杰森提起合同的事，日本方面总是说："杰森先生，你刚来到日本，应该多出去走走看看，谈判还有的是时间，不急不急。"

于是，杰森就在日本惬意地欣赏着日本的风景，感受着日本的传统文化。看着这些与美国不同的风景，杰森的心情十分愉快。他觉得日本人真的是热情，招待周到，心里还暗暗想着这次真是不虚此行啊！

到了第13天的时候，日本方面才提出合同的事，但是又在当天下午安排了打高尔夫的活动，交流会刚刚开始大家就急着去高尔夫球场了。到了倒数第二天，大家刚洽谈到一半，为杰森举办的欢送会开始了。不得已，他只好答应明天再议。

最后一天，当杰森要回美国的时候，合作的商谈才正式开始，但是讨论到重要的问题的时候，接他去机场的车已经在门口等着了，于是大家在车内用几分钟的时间就完成了洽谈。

很显然，在这次合作中日本方面大获全胜。试想一下，为什么日本人天天派人带着他去游山玩水，带着他去参加宴会，却一而再再而三地推迟商谈的时间，他们就是想要在最后关键的时间里给杰森施加压力。只有这样，杰森才会答应合同中对日本人有利的条件。人在匆忙的时候做的决定往往是有利于他人的。

从心理学的角度来分析，最后时限能给我们带来一些巨大的压力。现实生活中也是如此，很多被说服者都是因为这最后的期限，他们的活动范围以及自由度都会潜移默化地受对方的掌控。随着时间的推移和变化，交涉的情势以及两个人原本的期望值都会发生改变。最后的期限可以让他们拥有迅速达成协议的压力。

在我们说服别人的过程当中，最终失败的人往往是没有顶住最后时限这个压力的人。他们一旦顶不住最后期限带来的压力，就只能跟着对方的要求，被对方牵着鼻子走。

在很多情况下，当一次说服即将结束时，如果一方做出巨大的让步，便是因为受到最后期限的压力。这也是为什么日本人在谈判中将自己的洽谈时间视为机密，却想方设法去挖出别人的最后期限的原因。

❀ **说服要点**

最后的期限往往会改变双方谈判的形势，让一些本来难以解决的问题，很快得到了解决。因此我们在与人交流和沟通的时候，如果实在感觉自己说服不了对方，不妨试试最后期限法，利用最后的期限带来的压力，使对方做出适度的妥协和让步，最终让对方服从于你。

Chapter 7 / **● 面对分歧，积极寻求灵活应对策略**

在说服他人的时候，不要一味地争强好胜，最好的方式是以退为进，学会把大事化小，小事化了。学会让自己处于最有利的位置。妥协并不是让步，也不是缺乏勇气。更多的时候，它体现的是一种高瞻远瞩的谋略，是一种能屈能伸的大丈夫情结。

● 永远抱着积极乐观的心态

生活中，我们或许会遇到这样一种情况，在你和朋友沟通和劝说的过程中，面对意见分歧，我们时常会在心里嘀咕：对方和我就不是一类人，我们之间差距太大，根本就无法达成共识。因为对方不理解我们的观点，我们感觉到自己在沟通方面很失败。面对沟通中的分歧，我们应该摒弃消极看待问题的方法，抱着一颗积极的心态，学会微笑着面对沟通中的阻碍。

生活中，人们都喜欢和那些充满阳光、拥有正能量的人做朋友。一方面是因为他们能够帮助你走出困境，另一方面，他们能够让你感到开心。人生在世，不如意之事十之八九，当我们在遭遇生活中的委屈和不幸，面对朋友不理解产生意见分歧的时候，我们要学会保持一个积极的心态，去找到解决问题的方法。那么如何拥有一个积极的心态呢？

拥有一颗积极的心态的首要前提是要拥有正确的人生观以及价值观。一个人只有拥有了正确的价值观，他才能够对社会上的事情有一个清晰的认识，才能冷静地处理各种问题。

由于每个人的习惯和性格不同，在与人沟通中，难免会产生一些小的摩擦。面对彼此意见的不同，我们是否应该用一个积极乐观的态度去对待交流，与对方开诚布公、敞开心扉地交流，打开彼此的心结。

生活中一部分人排斥与他人交流，但是事实是怎样的？为了探究这个问题，心理学家做了一个实验。

为了研究两个群体之间的交流和沟通是否真的如人们所想的那么消极，哈佛大学的心理学家丹尼尔设计并进行了一项实验研究。他招募了38名志愿者作为试验中的被试者，并且告诉被试者们，他们需要参加一次群体交流活动，这次活动的时间期限为5天，并且在活动期间，他们需要每天写一篇关于群体交流的日记，日记中需要记录他们自己的感受和行为。

实验开始后，实验被试者被随机分为两组。实验者要求第一组被试者在每天群体交流前写日记，让他们写下自己对即将展开的交流活动的猜测，即想象中的感受和行为。第二组被试者，实验者要求他们在交流后写日记，所以第二组被试者记录的是自己关于交流活动的实际感受和行为。

最后，实验者对两组被试者的日记进行比较。结果实验者发现相对于第一组被试者，第二组被试者对交流活动的感受和看法更为积极一点。也就是说，从被试者的日记中体现了实际交流的结果要比他们之前臆想的结果好一点。

这样的实验结果对于那些排斥与人沟通的人又有了希望，也让我们重新思考在劝说别人的过程中需要注意的问题。我们劝说别人是为了让对方改变看法，能够接受和支持我们的观点。从某种程度上来说，劝说是因为谈话的双方有不同的看法和观点。你和劝说对象都各自坚持自己的观点的时候，这样会渐渐地将你们之间的差异和分歧越拉越大，从而也会让你们用越来越消极的态度对待沟通。

消极的态度会影响你的自信。众所周知的是你的自信和心态也将会直接影响说服的结果，如果你一直与对方的观点背道而驰，那么你们之间的差异也会越来越大，从而加大你说服的难度。

所以，我们应该积极地看待两个人之间的沟通，寻找和你说服对象的相似点，让你自己和对方都认为你们是同一阵营的人，这样不仅会增加信心，也可以让对方更乐于接受你的观点。

只有积极乐观地对待别人，别人才会对你更加信任。这样，你才会比较容易说服他人。当你在与人交流时，怀抱着一颗积极的心态，别人就会乐意与你沟通。因为人们不会拒绝那些能够给他们带来快乐的人。具有积极心态的人，他们常常能在最艰难的时候去鼓励自己，并且还会使自己的积极情绪感染身边的人。他们永远保持一颗自信乐观的心态，从不抱怨生活，总是积极地寻求解决问题的方法。因此他总是会给自己点燃希望之火，从来不会给自己设限，他们不仅能给自己带来自信，也会给身边的人带来自信。

我们要学会用乐观的态度来消除在面对沟通分歧中遇到的所有障碍。只有拥有一个积极的心态去说服别人，别人才会被你的这种快乐的气氛所感染进而积极接受你的建议。

❀ 说服要点

当我们面对分歧的时候，不要从一开始就抱着消极的心态。用积极乐观的心态对待交流，可以让你们之间的交流更加顺利。

● 不妨从侧面迂回进攻

有一天，在亚特兰大的一条街道上，一位财大气粗的富人把自己的爱车停在了路边。

当他下车吸完一支烟后，随手将空的烟盒扔在了马路边。这刚好被一位正在打扫卫生的清洁工阿姨看到了，于是这个清洁工阿姨微笑着对这位先生说："先生，你的烟盒不要了吗？"这时这位富人才意识到自己不文明的行为，于是他就俯身把烟盒捡起来，扔进垃圾桶，之后，同清洁工阿姨说道："很抱歉，女士，刚才是我的错！"说完就急匆匆地走了。

故事中的女清洁工面对别人不尊重自己的劳动成果的时候，她不是直接说他，也不是采取什么极端的行为，她用委婉和含蓄的言词，让那位富人捡回了自己扔的垃圾，并且为自己的不文明的行为道了歉。

当我们面对一些不能通过直接手段解决问题的时候，要学会采取一些间接的方法或者策略，懂得从侧面迂回进攻，一步步取得胜利。我们常常喜欢直言不讳，但是有些事情如果你还是直言不讳的话，非但不能有效地解决问题，反而会使事情向不好的方向发展。所以我们要学会用含蓄、委婉的话语来说服对方，采用迂回的方式同对方周旋，这样才能保证使说服的效果更好。

当我们与人交谈时，难免会遇到那些不便说、不忍提或者场合不允许直说的话题，也会出现尴尬以及僵持不下的局面，这个时候我们就需要把关键的词语转换一下，或者是从另一个角度去说服对方，或者是换一个话题去缓解一下紧张的气氛，或者是把注意力从尖锐的矛盾上转移一下。这样能够使交往变得更加顺畅，可以让对方在一个比较舒适的氛围中去接受信息。

战国时期，郑国兵力弱小，秦晋两个大国联军围郑，郑文公派烛之武前去和秦穆公谈判。烛之武拜见了秦穆公之后，义正词严地说："我虽为郑国大夫，却是为了秦的利益而来。"秦穆公听完之后，冷笑了一下，不相信他说的话。

烛之武坦然面对，对目前的形势进行了剖析："秦晋联合围郑，郑国已知必亡，然而郑在晋的东方，秦在晋的西面，两国相距千里，中间又隔晋国，如果郑国灭亡，秦能隔着晋国管辖郑国的领土吗？郑国只会落入晋人之手！一旦郑国被晋国所吞，晋国的力量将超越秦国。晋国强则秦国弱，替别人扩张声势的事情，恐怕不是智者所为。"

秦穆公听后，感觉烛之武说得在理，于是就请烛之武继续剖析："如果蒙大王的恩惠，郑国得以继续存在的话，以后秦国在东面有事，那么郑国将作为'东道主'负责招待过路的秦国使者和军队，并且提供军队和补给。"秦穆公听后非常高兴，随后就同烛之武签订了盟约。

烛之武之所以能够瓦解秦晋联军，是因为他懂得利用敌方的弱点，巧妙地说服对方。在烛之武劝说的过程中，他并没有直接提到要和秦穆公结盟，他只是换了一个角度从秦国的利益出发对其进行说服。他先是分析如果郑国灭亡了，获得最大的利益的国家将是晋国，然后说如果以后秦国有战事了，郑国将会全力以赴地为其提供军队和供给。一层层剖析下来，烛之武说得确实是很有道理的。

这些话表面上是为秦国考虑，实际上是为郑国解燃眉之急。我们不得不佩服烛之武的聪慧以及他的智谋。

直接的说话方式并不是不好，只是有些时候，换个角度来说话，效果会更好。在共同的立场上进行沟通和交流，我们要学会从侧面入手，趁机转入正题，对其进行劝导和说服。

当然，如果在谈话中，对方不愿意对你敞开心扉，可能是因为他们对这些话题并不感兴趣。不管是一个多么健谈的人，面对自己不感兴趣的话题的时候，多半会选择默不作声。如果想要和对方愉快地沟通，首先要找到对方感兴趣的话题。要努力寻找他人的兴趣点，无论是谁都会有一些令人感兴趣的话题，比如说电影，足球、政治、汽车等，找到对方的兴趣，才能打开被说服者的话匣子。

在说服别人的时候学会瞬间转移注意力也是很重要的。如果一个地方缺少变化的语言，很快就会使场面变得呆板而且沉闷，那么你的所有话语在他们看来也是枯燥无味的。因此当你在与客户沟通的时候，如果还是这样平铺直叙的语言，那么客户就会感到厌烦，你也就会失去一个重要的客户。当然如果你有很多建议，又能选择一些具有变化的语言来表达这些意见的话，会让你的语言更加富有情趣。

因此，想要引起被说服者的注意，说服者就要从侧面进行说服，只有通过迂回战术，才能说服对方。

❀ 说服要点

在说服别人时，我们要记得转换自己的方式，获得对方的好感，顺应对方的需求，从他的角度出发看问题，运用迂回的战术进行劝说。

● 以情动人，化解沟通坚冰

在说服的过程中，学会以情动人。但是怎样才能学会用感情打动对方的心灵呢？在说服别人的过程中，如果我们语言干瘪，没有生命力，那么我们就无法去说服别人去接受我们的观点。

柯立芝就任美国总统的时候，有一天，他对他的女秘书说："你今天穿的衣服很漂亮，你真是一位迷人的小姐。"女秘书顿时感到受宠若惊，到目前为止，这应该是平时不爱说话的总统对她最大的夸奖了。就在她感到高兴的时候，总统的话锋突然一转："不过，还有一件事我想告诉你，以后抄写文件的时候，要注意一下标点符号。"听到这样的话，女秘书意识到自己的错误，并且虚心接受了总统的建议。

在这件事情中，柯立芝利用了先扬后抑的方法，先用表扬营造一种良好的说服氛围，再表达自己的批评和要求。在这种情况下，它不仅能够让对方在赞美的愉悦中去接受自己的意见，还会让听者感觉到很有面子。因为在一般情况下，人们在听完别人的赞美之后，再听别人的建议，容易接受一些，并且可以体会到说服者的良苦用心。只有这样，才能达到很好的说服效果。

对于村里面发生的大小的纠纷，这一位80后的小伙朱勤峰总是能够挺身而出。他总是耐心细致地帮助当事人分析问题，然后再解决问题。在进行调解的过程中，他用一颗真心和宽容之心来架构起与居民相通的桥梁。

说起他现在从事的调解工作，朱勤峰有着自己的心得体会。他说："平时多和村民相接触，聊聊家长里短，与村民之间的关系搞好了，调解工作自然也可以做得很好。"只有平时多和村民接触，沟通了解得多了，就能够随时掌握他们的心理状态，能够了解到他们的需求。只有这样，才能准确地掌握以及了解村民矛盾的主动权。

有一年国庆节放假期间，村子里的一位老人在当地医院接受治疗，他因不堪忍受病痛带给他的折磨然后选择在晚上无人陪护的情况下跳楼自杀。事发之后，老人的家属一直来医院闹事，当时朱勤峰刚好放假在家，他一听到这个消息就立马赶到医院，很耐心地对家属进行劝说，并且他也通过医院以及当地的派出所等多方面的协调和努力，最终圆满地化解了这次突发性的矛盾纠纷。

人们常常说："人民调解工作是和稀泥、搅拌机、两面脸。"对于调解工作，每个人都有不同层次的理解，我们要学会在调解纠纷的过程中要用亲情去和泥，用事实来搅拌，并且用法律和道德来做脸面。

有一次，辖区的居民王某找到朱勤峰，她说她无法忍受丈夫对她实行家暴，向其寻求帮助。朱勤峰先是从村民那里了解了一下情况之后，然后再分别找当事人谈话，他找出了问题的根源，然后再分析给当事人听，双方听后才恍然大悟，最后两个人和好如初。之后，两人还亲自上门感谢朱勤峰。

在生活中，想要用感情来打动别人不是一件很容易的事情。我们总是会被生活中的一些小的事情感动得潜然泪下，比如你收到朋友的来信，看着那些充满美好回忆的句子，你激动不已。人们总是会被生活中的某一点戳中内心的痛处。要想说服他人，首先你要深入了解对方，才能更加轻易说服对方。

懂得用感情来打动他人，我们才能够更好地化解沟通中的障碍。在人际交往中，人们之间要互相理解，互相宽容和体谅对方，自愿从对方的利益出发去考虑问题，并且能为对方做出一定的牺牲。

✿ 说服要点

我们在说服对方时，可以动之以情，来激发对方共同的感情、友谊以及兴趣爱好，获得对方的信任，慢慢打动对方，以达到说服的目的。

● 用包容让对方放松警惕

在这个世界上，每个人对事物的认识、看法不会完全相同。在这个多元化的社会里，我们应该尊重不同的观念，尊重不同的见解，学会聆听不同的声音，也需要包容不同的意见。具体就体现在与人交往中，我们应该学会包容对方的观点，尊重别人表达观点的自由以及权利。我们要学会包容别人不同的观点，学会包容不同意见是人们之间和谐相处的重要因素。在相对完美的条件下，如果生活中的每一个人都能够包容不同意见，彼此之间和睦相处的话，那么，这个社会更加融洽。

美国的心理学家艾克曼曾做过一个实验。在实验开始之前，他先对这些学生做了一项关于死刑制度的调查。调查之后，他从调查的结果中筛选出那些反对死刑制度的学生做这个实验的被试者。

在这个实验中，实验者要与这群反对死刑制度的学生进行辩论，他们要尽力说服那些学生们赞同自己的观点，即让学生们改变对自己的看法，认可死刑制度存在的合理之处的时候，因为要考虑到实验的目的，当时实验者在和学生们进行辩论的时候，他们采取包容的态度，当他们在和学生进行辩论的时候，实验者对学生所发表的观点，一般只回应"原来如此"、"对"等这些字眼。

最后，当实验者再次调查这些学生对死刑制度的态度以及看法的时候，他们的态度是否会有所改变，看看他们是否被实验者说服，结果显示，学生们大多数都被说服了，他们都改变了原先的看法。

心理学家对这个实验结果进行分析的时候，他们也同样回顾了实验者与学生进行辩论时候所采取的态度。实验者大部分人提出的看法是"原来如此"、"对"等这些字眼，他们所展现的是一种包容的态度。这种包容的态度则会让对方对自己的看法保持一种迟疑的态度。最终，他们得出的结论是只有懂得包容对方，我们才可能更加容易地说服对方。

由此可见，包容在说服中能起到一定的效果。我们在说服对方的时候，不能一味地反对和否定对方的观点，应该学会包容对方的观点，从而提高说服对方的可能性。

在每一个人的心里，他们都是不愿意承认自己的观点是错误的，人们一旦感觉到对方想要改变自己的观点的时候，心里的警惕性就会立刻提高，从而努力地维护自己的看法。

你在劝说他人的过程中，要学会包容对方，慢慢地模糊你们之间对立的关系，将对方看成是自己人。只有这样，我们说服别人的可能性才会提高。比如说一些必要的话，我们还是要学会运用的。例如："我有另外的看法"、"你不能以偏概全"等，然后我们再尝试着从其他的角度切入，慢慢地对对方进行说服。

在你劝说对方的时候，如果采取坚硬的态度行不通的话，为何不试试采取包容的态度去接纳对方的缺点呢？包容对方的观点，会让对方质疑自己的观点。学会包容别人不同的意见，是一种人生智慧，它体现的是一种境界和一种思想的高度。他让人拥有着一种海纳百川的宽广的胸怀，需要有一种海阔天空的雅量，需要一种比较深厚的底蕴。能否包容对方不同的观点和意见，是检验一个人的胸襟和气度的体现。

人们所接受的一切信息构成了人们的思维方式以及他的观点，所以说，不要一直试图去改变别人的观点，我们要学会尊重和包容他人的观点，渐渐地对方会对你放松警惕，让你们之间谈话的气氛也会变得比较融洽，也会让对方不由自主地接受你的观点。

❀ 说服要点

　　大量的实验证明，只有懂得包容和尊重他人观点的人，才会让身边的人有一种轻松自在的感觉，才会更加容易说服对方。

● 退让让关系更加紧密

我们在说服他人的时候，如果一味地向别人进攻，不给对方留一丝余地，我想这并不会让我们取得胜利，甚至可能会让我们失去朋友。没有人愿意树敌，也没有人喜欢和针锋相对或者是那些爱占小便宜、不吃亏的人做朋友。

我们都曾看到过在菜市场上，大妈为了两角钱，与商贩争得面红耳赤。现实中，这样的例子很多，总是有很多人，他们会为了自己一点点的利益大动干戈。他们不愿意吃小亏，但是结果吃的亏更大。如果双方中的任何的一方只要可以稍微退一小步，化大事为小事，事情常常能够得到圆满解决。

"忍一时风平浪静，退一步海阔天空"，这是做人的智慧，也是与人交际中的策略。只有懂得与人友好相处，懂得迁就和忍让他人，我们才能得到他人的支持，我们的才华和能力才能得以施展。从古至今，凡是能成大事者，他们都是借助身边的关系来让自己慢慢地变得强大起来的。

李硕是一个刚从国外留学回来的学生，回国之后开始找工作。很多企业看他是个海归而不愿意接受他，因为他们害怕留学生心气太高，不会在这个公司待多久。他一直找不到合适的工作，心情特别沮丧。总结了自己找不到工作的原因后，他决定改变策略。

在下一次面试的过程中，他说自己是一个普通大学毕业的学生，谁也没有太过在意他。于是就进了一家公司，负责后台程序调试的事情。当他干的时间久了，熟悉了之后，做得非常顺手。有一次，公司的程序出现了问题，好多老员工都不知道怎么解决，忙活了一上午都没有弄好。最后，李硕看出了问题，就把这些问题给解决了。组长知道后，对他也是赞赏有加。后来公司的领导们总是观察李硕，发现他能解决很多非常规的问题，工作能力特别强。经理忍不住夸他："小伙子，你太优秀了，比国内名牌大学的学生还要好。"

这时，李硕才向经理道出了自己是从国外留学回来的，经理感到很是诧异。经理说："现在很少有人能够降低自己的身段，你的心态不错啊！"从这件事情之后，经理更加看重李硕，认为他是一个能干，心态稳定的年轻人。很自然地，他也重用了李硕。

在这个故事中，李硕懂得自降身价，学会退让，用他的实际行动和能力来说服领导，让领导看出他的能力，从而对他进行提拔。所以有时候，说服他人不要用嘴，有时候还要看你的能力和态度。当我们与他人交际和沟通的时候，我们越积极就能越快地掌握话语的主动权，我们就越容易取得成功。成功的人都是比较聪慧的，他们懂得在适当的时候退让，在展现他们大气的同时，也彰显了他们的肚量与人生智慧。

如果你能退让一步，让对方看到你的诚意，不仅会对你有所谦让，还会对你产生好感。聪明的人都知道，以退为进是拉近彼此关系的好办法，也是说服他人的一种有效的方法。在说服的过程中，以退为进也是一种很保险的自保之术。

总之，在说服他人的时候，我们不要一味地争强好胜，最好的方式是，以退为进，学会把大事化小，把小事化了。学会让自己处于最有利的位置。或者你可以等到双方的关系良好之后，再主动地去进行劝说，有时候妥协并不是让步，也不是缺乏勇气。更多的时候，它体现的是一种高瞻远瞩的谋略，是一种能屈能伸的大丈夫情结。敢于妥协的人，才是真正懂得以退为进的精髓，才不会被表面的现象所迷惑。

当然退让也是要讲究时机的。只有在正确的时机下，你的退让才会发生作用。如果一个人的需求没有那么强烈，那么你的退让也就不会产生多大的价值。或许只是打动了对方，但是并没有真正说服对方，所以说这种退让是没有多大的价值的。

凡事要记得有度，不管你是否有能力，记得好处不能占得太多，那样会很容易让对方产生不平衡的心理，容易引起他人的妒忌。当然，我们也要端正自己的态度，记住吃亏是福，不懂得妥协和让步的人，无法与他人建立良好的关系，也无法促进你的事业的发展。

❀ 说服要点

在必要的时候，我们要坦然地主动地选择退一步。人情是最好的投资。学会退一步会让人对你心存感激。只有获得他人的好感，我们才能得到他人的帮助，才会让我们的说服更加有力度。

● 学会激发对方的内部动机

什么是内部动机呢？所谓内部动机是指人们自发的对所从事活动的认识，而内部动机与其活动的本身有着密不可分的联系。因为做某件事情可以激发对方的兴趣，可以让人产生愉快的心情。现实生活中，所有的活动本身也就是行动者想要追求的目的。

在心理学中，要想激发对方的内部动机，我们常常需要先对对方的兴趣有所了解，以他的兴趣为出发点去引起对方的关注。例如：我们在说服别人的时候，我们可以创设一些"问题情境"，激发对方的求知心理。以一种生动活泼的方式向对方展示出来。或许我们可以设置新颖的情境，让已有的认知和情境产生差异，来引起对方的好奇心，激发对方探索世界的欲望。

在大多数情况下，当我们在与对方进行劝说和谈判的时候，我们常常考虑最多的是自己的感受以及利益是否受到伤害。因此当人们在进行劝说的时候，常常会暗示对方如果按照自己的想法来做的话，对方将会得到怎样的利益和好处，从而帮助自己更加轻易地说服对方。

日常生活中，我们经常见手机促销员会极力地向顾客推销某款手机：现在购买手机的话能够参加哪些活动，与平时购买相比，你可以节约多少钱，会获得哪些附赠的礼品，或者是买下这款手机会给你的生活带来多大的便利等。推销的目的就要让顾客产生一种自己获得很多利益的感觉，这些礼品和节约的钱可以让购买者产生愉快的心情，是购买手机的内部动机。

但是这种利益的驱动力并不是在任何时候都有用的，而且有时候这种建立在利益上的说服效果并不是那么稳定的。因此获得良好的说服效果，我们还要使用其他的方法。

动机分为内部动机和外部动机，外部动机的诱因是比如说金钱、物质、惩罚等引起的动力。而内因则是由个体的内部驱动力，比如说好奇心、成就感、价值观等所引起的动机。下面让我们来看看这两个动机哪个对人们的影响要更加持久一点。

我们都知道动机分为内部动机和外部动机。心理学家通过观察之后发现，人们往往会更加倾向于把自己的行为归结于外部动机，而忽视内部动机。为了弄明白原因，心理学家对这个关于行为背后的动机进行了一次实验。

在这个实验中，心理学家首先告诉参加实验的志愿者，这次实验是为了研究在某些特定的状况下人类的生理反应。在实验的过程中，实验助理在被试的人的身上接上一些电线，并且告诉这些被试的人员，这只是为了测量他们的心跳、血压、呼吸以及皮肤表面上的微电流反应。

下一步，实验助理会端出一盘炸蟋蟀，让被试者们吃，然后告诉被试者，实验研究的是要知道被试者们吃炸蟋蟀时的生理反应是怎样的。当被试者吃完炸蟋蟀之后，实验助理将事先准备好的试验报酬发给被试者。被试者得到的是两种不同的试验的报酬，其中的一部分被试者得到了10美元的报酬，而其余的被试者则得到了50美元的报酬。

然后实验助理宣布被试实验已经全部完成，不过为了在将来提升试验的品质，需要被试者填写一份调查问卷。这项问卷向被试者们询问关于这次实验的地点安排是否合理、指导语是否明确，实验的报酬是否吸引人，以及炸蟋蟀是否好吃等。

最后，实验者对于被试者提交上来的问卷进行了比较和分析之后，发现相对于得到50美元的被试者来说，他们比那些只得到10美元的被试者做出了更多的积极的反馈意见，他们也认为实验的地点安排、指导语明确、报酬吸引人、炸蟋蟀也是很好吃的。

通过以上实验，我们可以得出结论：外部诱因所引起的行为强度以及它的持久性并不如内部动机。并且更重要的是它对个体行为和内部驱动力所产生的负面影响，会使驱动力下降。

人们总是习惯于用满足对方物质需求的手段来说服对方，大量事实证明了这种方法确实能够帮助人们提升说服别人的可能性，提高自己的说服力，如果你想要成功地说服对方，我们就要学会激发对方的内部动机，要学会满足对方的好奇心和他的成就感。

要想激发对方的内部动机，我们可以尝试着从这几方面做：激发对方的兴趣，或者是让对方体验到一种除了获得物质利益之外的收获。你也可以事先了解一下对方的价值观，对他的这种价值观进行了解之后，再去说服对方。比如当你作为一名销售人员，想要说服对方买手机的时候，你可以引起对方对手机的兴趣来说服对方，或者是让他认为拥有这款手机象征着一个人的品位，从而在心理上获得满足来说服对方。

在说服别人的过程中，在激发对方内部动机的时候，要学会讲究方法，讲究具体的方案，一步步有准备有条理地去说服。

❀ 说服要点

当一个人受到物质诱惑的时候，我们总会觉得反应应该更加积极更加开心才对。但是事实并非如此，实验证明大多数人还是更愿意把自己的行为归结于内部动机，因为它比外部动机的持久性要强，并且还会产生积极的影响。

● 知己知彼，方能百战不殆

《孙子兵法》中指出，知己知彼者，方能百战不殆。在说服别人之前，要摸清对方的底细。当然，在说服之前，我们对对方了解得越详细，才能够在说服中掌握话语的主动权，才能更快地达到说服的目的。

在确定了对方的谈判目标之后，我们要再进一步地了解对方的身份地位、兴趣爱好以及他的能力权限。在条件准许的情况下，我们可以搜集对方谈判队伍的内部信息，如"谁是主谈人员""他的意见倾向是什么"等这种类似的问题。

那么，在生活中，我们如何才能够更加全面地获取对方的信息做到知己知彼呢？有时候我们可以在对方的内部团队中安插与自己熟知的人员。如果你不放心的话，亲自探寻是最有保障的。

这也是最省事，最直接的方法。但是如果你没有这些便利的条件的话，你不妨利用"六度空间理论"，通过和对方熟知的第三方来打听对方的信息。另外，我们也可以通过调查市场上相类似的情况来进行比较和预测对方的信息。

我们获得的这些信息，不一定是全面的和正确的，它们存在着主观性和误差，这需要谈判人员在实际谈判中根据当时的实际情况来进行调整。在谈判的过程中，要知己知彼，随时把握信息的准确性。

只有知己知彼，我们才能掌握对方的兴趣爱好，然后对其进行说服，才会让说服更加有力。

所以说，生活中，兴趣是说服一个人的关键，它不仅可以激起一个人对其最热爱的领域的研究，从我们的角度来看，我们可以通过分析一个人的兴趣来分析他的性格特点，知道对方的性格弱点，才能为己所用。因此我们在谈判中，要学会观人所好，这才是知己知彼，掌握主动权说服对方的"灵丹妙药"。

在美国华盛顿有一家有名气的面包公司，它旗下的公司以极好的口碑将面包销售到全国各个地方。即便如此，仍有一家大型的饭店不买账，这几年来，这家公司的经理换了三任，但是不管面包公司采取什么样的方式，无论是正面进攻，还是旁敲侧击，依然很难在这个饭店占据市场，这种奇特的景象引起了面包公司的新任经理杰克的极大好奇，也更加激发了杰克要将这些面包推销给这家饭店的决心。

于是杰克就派人对这家饭店的经理进行了调查，通过各种途径搜集了饭店经理约翰的详细资料，他们通过调查得知，约翰除了担任这家饭店的经理外，他还担任着美国饭店协会的会长。通过资料他们也了解到这位会长非常热衷协会的工作，但凡是协会召开的会议，他都会按时到达会场的。

当杰克了解到这件事情的时候，他想了一个计策。他开始搜集与美国饭店协会有关的资料。

后来，杰克找到了一个机会与约翰见面，但是在见面之后，却只字未提推销面包的事情，而是与约翰开始谈论美国饭店协会的事情，并且声称自己对该协会也是非常感兴趣，常常关注。约翰对杰克的此次到来非常满意，一改昔日对面包公司的冷漠的态度。

在这次会晤中，杰克没有在谈话的过程中提及面包推销的事情。然而，就在第二天，大饭店的采购部门却主动打电话给杰克所在的面包公司，表示今后要大量订购这里的面包。至此，杰克做出的努力终于看到了成效。

为什么这家面包公司历时三年，绞尽脑汁却没有向这家饭店卖出去一个面包，杰克只凭借着三寸不烂之舌轻轻松松地就搞定这个大单子？最关键的原因就在于杰克能够巧妙地抓住饭店经理的兴趣爱好，满足了对方的精神追求，并且学会投其所好地说服对方，最终取得了这家饭店的订单，获得了令人意想不到的成功。

当我们想让对方为我们办事的时候，我们只有先了解对方，才能学会很好地避实就虚，只有这样才会增加我们成功说服对方的希望，只有做到了这点我们才能把各个方面的阻力转化为前进的动力，不断推进这个事情向更好的方向发展。我们每一个人不管是与何人交流，只有知己知彼，了解对方的能力、潜能以及特质，才可以尽一切可能去利用身边的一切可利用的资源说服对方。

我们要在每一次谈判中，对对方的情况了解清楚，事先做好准备，通过一些周密而严谨的分析，做到切合企业的实际情况和应对战略，才能获得竞争和谈判的胜利。

❀ 说服要点

知己知彼是一种商业智慧，也是一种决策制胜的关键。要想成功地说服别人，我们首先要做的就是了解对方的兴趣和爱好，学会投其所好，抓住对方的心理，从而说服对方。这就是兵法中所说的"知己知彼，百战不殆"。

Chapter 8

● 做一个有修养的说服之王

一个人的言谈举止常常能够体现这个人的细节，因此，在与人交流的时候，我们一定要注重自己的言谈举止。我们只有注重细节，付诸行动，才可以在对方的心目中留下一个好的印象，从而能够更快地说服对方。

● 适当使用形式化的语言

在生活中我们与人沟通的时候，会用到一些形式化的语言。面对一个初次见面的人，我们在介绍自己的过程中，经常会先说一些铺垫的话，通过一两句铺垫话进入谈话的主题。

从说服的角度来讲，很多人都不喜欢这种形式主义，觉得它不但浪费时间，还显得非常虚伪。性格豪爽的人会说："整那些华而不实的形式主义做什么？我们直奔主题好了，同意就是同意，不同意就是不同意，给句痛快话吧！"

但是也有人会说，形式也是很有必要的，它是一种表达好感的方式，可以拉近两个人之间的距离，让对方更容易接受自己的意见和请求。

一天，一个集团公司的人事部里坐满了前来面试的人。在面试过程中，有一个环节叫演试，就是让应聘者以公关人员身份接待"客人"，考察应聘者的人际交往和应变能力。

　　一位"客人"走进公关部。

　　陈小姐："先生，请问您找谁？"

　　客人："我找你们经理。"

　　陈小姐："对不起，请您登记一下。"

　　客人往前走，不予理睬。于是陈小姐拦住了他。客人不悦，说道："我同你们唐总打了多年交道了，还登什么记。"说完他继续往里走，陈小姐茫然无措。评委中不少人摇头，看来陈小姐处理失当。

　　轮到金小姐应试时，"客人"同样进门说要找唐总经理。金小姐把"客人"让到沙发上坐下，说："先生，请问您怎么称呼？让我向总经理通报一下好吗？"

　　客人回答了她。她用电话通报后，笑容可掬地对"客人"说："对不起，让您久等了，总经理欢迎您的到来，请往里走吧！""客人"满意地点头，评委们的脸上露出了笑容。

　　很明显，案例中陈小姐的处理方式与金小姐相比稍逊一筹。为什么金小姐能够让"客人"满意，让评委露出笑容呢？因为金小姐的话不生硬，她客套而委婉的话语马上让"客人"感觉心情愉悦起来。由此可见，一些形式化的语言虽然没有什么实际作用，但它能让听者听着舒服。所以，我们不能小觑形式化的语言在我们生活中的重要性。

　　当我们待人接物的时候，在很短的时间里，大脑会第一时间接收形式化的信息。所以也就是说，我们与人接触的"第一面"很重要。如果我们在向人提出意见或请求时，没有使用形式化的语言，那么会让人感觉我们十分无礼。这样，我们不仅得不到帮助，反而会得到对方的"白眼"。

我们要说服一个人，一定是有求于对方，让对方去做某件事，而这件事也一定不是他自己愿意做的事。

如果这个时候，我们还选择直来直去地说话，那么此时对方心里一定是有些抵触的。当对方并不是十分赞同我们的观点的时候，气氛就会变得尴尬。所以，在一些场合我们要适当地说些形式化的语言，让对方答应我们的请求，接受我们的意见。

事实上，生活中的很多行业都需要说一些场面话、形式话。比如空姐，在飞机起飞时，他们会耐心地提醒乘客注意系好安全带。比如销售员，在促销商品的时候，为了让客户买他们的商品，他们会使用礼貌用语，给客户留下好感。

无论是礼貌用语还是场面话、客套话，都能让人感到一种被尊重感。所以，当我们打算说服别人的时候，要注意将形式化的语言说到位。

随着社会的发展，网络购物越来越普及，像什么京东、淘宝等，都是大家耳熟能详的购物网站。当我们咨询商品的时候，淘宝客服会说："亲，您想买点什么？""亲"这个词在没有淘宝的时候是没有的，它是由淘宝孕育的一个形式化词语。

之所以会出现这个词，就是因为这个词能够让人有一种被尊重的感觉。这样，用户在购买商品的时候，不仅获得了物美价廉的商品，还拥有了一种被尊重的感觉。现在这种称呼已经普遍地应用到了网络销售中，事实证明，形式化的语言在生活中的确能起到很重要的作用。

生活中，当我们想要说服别人的时候，不妨先适当地说些没有什么实际意义的场面话、客套话，来烘托一下气氛。一个有修养的说服者，总是深谙人情世故的，他懂得运用礼节性的话语来缓和气氛。

同事之间，朋友之间，甚至家人之间都需要这种形式化的语言，多用这种形式化的语言来暖场，就能帮助我们达到成功说服的目的。

🏵 说服要点

适当地利用形式化的语言，会让我们在说服别人的过程中，将气氛缓和下来。利用形式化的语言，不仅不会让对方感到唐突，也能让对方感受到我们对他们的尊重。

● 重视对方的感受

学会从对方的角度出发，去替别人思考，可以让我们的说服更加顺利。我们要在说服中，重视对方的感受，学会换位思考，我们应该尽量尝试用一些适合对方的方式来配合对方的感受，获得对方的好感，才会让对方感觉到我们是可以亲近的，是值得信赖的。重视别人的感受，是一个人具有亲和力的表现。在生活中，这种亲和力往往能够带给你意想不到的收获。

如果你能够重视对方的感受，不仅可以让对方感受到你的友好，同时也会让你多了一个朋友。当你重视对方的感受的时候，对方就会对你有一种认同感和信任感。

你要学会适时地为对方做一些事情，来增加你和对方之间的好感。你的每一句话，每一个动作都能够打动对方的心。当人们面对你真诚关心的时候，没有人会将你拒之门外。

在现实生活中，我们怎样才能做到很好地照顾到对方的感受，怎样才能让我们更加具有较强的亲和力，从而赢得对方的好感呢？下面让我们来看看王凯是怎样获得对方的好感的。

作为一名保险公司的业务人员，上门推销是每个业务员应该做的。有一次王凯去拜访一个客户，刚敲开门，迎来的是一张冷漠的脸。女人很不客气地说："对不起，我现在很忙，没时间听你介绍你的产品。"话毕，女人就急着要关门。聪明的王凯看到女主人怀里抱着的小孩因为感冒不停地在咳嗽。

王凯微笑着说："您的孩子真漂亮啊，一看就知道长得像妈妈。"

"那当然！"听到别人夸奖自己的孩子，女主人当然感到非常开心。

王凯继续关爱地问道："孩子咳嗽得这么厉害是不是发烧了，要不要我陪你带孩子去看医生？"女人听到王凯的话，心里感到特别温暖，为刚才的态度感到抱歉，对王凯充满感激地说："刚刚已经看过医生了，已经吃过药了。"

王凯继续补充道："儿童用药一定要注意安全，有些处方药对儿童的身体是有伤害的。"主人充满无奈地说："那也没有办法啊，孩子咳得这么厉害，总要治疗吧。医生说，如果症状一直这样的话，还要打针输液呢。"

王凯惊叹道："还要输液呀？那样孩子就受罪了。我有个好方子，很有效的，回家给你找找。"当王凯第二次敲门的时候，女主人不但没有拒绝，并且热情地把他请进了屋，两个人愉快地聊了起来。这次，女主人主动提出给孩子买保险的事情，王凯建议给孩子买个健康险。

就是因为王凯能够随时随地地为客人着想，照顾到了女主人的感受，所以女主人在不知不觉中就对王凯产生了好感。而王凯用他的实际行动让这个女主人为孩子买了一份平安健康险。

王凯的成功告诉我们，要想达到目的，我们要体会对方的感受，表现出真诚的认同和关心，这种方式会让你更容易取得成功。当我们与陌生人开始交往的时候，对方都会对你冷淡，你要学会微笑地面对，运用你的机智及时地感受对方的当下的心情，将你的话语及时转到对方所感兴趣的事情上。只有双方有共同的话题，对方才会更容易地接近你。

你想要说服对方时，不要太以自我为中心，你一定要顾及到对方的感受，再做出适时的让步或者改变，记得要随时保持微笑，礼貌地对待对方。你的礼貌会让对方十分感激，他们也会觉得和你成为朋友是很不错的选择。

生活中与人沟通交流，可以帮助我们更好地完成一件事。但是，在与人沟通之前，我们很有必要先了解对方的感受。每一个人的心情会受周围的同事或者朋友的影响，时而低落，时而高涨。人的感受会受很多方面的影响，它时刻都在变化着。如果想让我们的沟通变得更加有效，那么了解对方的感受是很重要的。

生活中你可能遇到这种情况，当你和一个客户谈到都快要签单的时候了，最后只是因为你没有时时注意客户的感受，让对方觉得很失落，于是他就不会再购买你的产品。

美国销售历史上赫赫有名的乔·吉拉德，是世界上有名的销售汽车大王，他连续12年平均每天销售6辆车的世界吉尼斯销售记录，至今无人能破。他也因此被人们称为"世界上最伟大的销售员"。

然而，就是这样一位伟大的销售员，也曾因为没有重视客户的感受，而错失一笔订单。

有一次，当乔·吉拉德马上就要和他的客户签订合同的时候，客户突然决定不买车了。这个问题让乔·吉拉德百思不得其解。晚上他辗转反侧地睡不着觉，就忍不住起来给客户打了一个电话，他说："我想知道是什么原因让你不愿再购买汽车了呢？"客户说："你真的想知道吗？好，那我就告诉你，今天当我们把所有的细节都谈完之后，当我们要签订购买协议的时候，我突然接到我女儿的电话，这个电话是我女儿打过来的，我的女儿告诉我她在这一次比赛中获得了第一名。而当我把这个喜悦与你分享的时候，你没有任何反应，只是一再催促我签订购买协议，所以我决定不再购买你的车了。"

在日常的工作和学习中，我们常常会碰到一些意外而使沟通无法顺畅进行的事情。当沟通出现障碍，肯定是有一些因素影响了沟通的正常进行。那么是什么因素呢？比如我们没有及时抓住客户的感受，让对方对我们失去了信任的感觉，这时就容易导致沟通的失败。

在乔·吉拉德的故事中，我们可以看出：关注对方的感觉是很重要的一件事情。有时候，客户买的不是商品，而是一种服务。只有让客户心里感觉到你是真正关心他，他们才会乐意购买你的产品。只有向对方展现你的真诚，才能给对方一种安全感。

就像乔·吉拉德一样，如果他能够真诚对待客户，时刻关心客户的话，客户就不会突然决定不买他的车了。只有真诚对待客户，你才可以维持与客户之间良好的关系。

所以，在现实生活中，当我们在和陌生人谈话的时候，一定要平心静气地听对方的谈话，要随时表现出我们的热情，要始终保持谦逊的态度，为对方着想。这样才会让别人觉得你在重视别人的感受。善于抚慰对方的心灵，不让对方产生不好的心理阴影，这样才会使你更好地说服他人。

❀ 说服要点

想要说服他人时，我们要重视对方的感受，懂得换位思考，进而说服对方。

● 给对方留足面子

生活中，很多人把面子看得十分重要，所以会说话的人在说服别人的时候要学会给对方面子，懂得给他人留面子，在关键时刻，懂得给对方一个台阶下。聪明的人懂得不当面揭穿他人的谎言，以免让对方下不来台。

面子说白了就是尊严。每个人都希望自己能够在别人面前有尊严，被人重视，得到尊重。因此，当我们与人交往时，为自己争取面子的同时，也不要忘了让对方也有面子，给对方留足尊严，这是在说服中非常重要的。

拉尔夫·沃尔多·爱默生曾说过："缘于自己的优越，我们常常无情地剥掉了别人的面子，伤害了别人的自尊心，抹杀了别人的感情，却又自以为是，扪心自问，这种心理是多么浅薄，心胸是多么的狭窄啊！"这句话是告诉我们说服中要懂得给别人留面子，千万不要伤害别人的面子，做一个有修养的说服之王。

为了不伤人的面子，我们可以在说服的过程中，给对方铺台阶。

查尔斯·史考伯是美国钢铁大王卡内基选拔的第一任总裁，有一天中午，他路过自家的钢铁厂时，看见几个工人正在抽烟。史考伯瞅着他们头顶上的"禁止吸烟"四个大字赫然在目，而这几个家伙竟熟视无睹。史考伯没有马上指着牌子不让他们抽烟。他走到那几个人面前，给每个人发了一支雪茄，这才说："各位，如果你们能去外面抽这些雪茄，我会非常感激。"

这几位工人马上明白了，他们错了，他们违反了工厂的纪律，但老板不但没有当场批评他们，反而给他们每人一个小礼物，这让工人们对他肃然起敬，也更自觉遵守工厂的规定了。

约翰·华纳梅克也发现这个技巧很实用。华纳梅克每天都去他在费城开的大商场里视察。一天他发现柜台前有个顾客提着东西在等着结账，却没有一个售货员理她。售货员正聚在柜台的另一头谈笑着。华纳梅克什么也没说，自己走到柜台前招呼那位女顾客，并叫售货员帮助包装货品，然后就走了。华纳梅克走后，售货员都觉得不好意思，以后便变得自觉起来了。

不得不说，史考伯和华纳梅克都是善于运用暗示来令对方服软的高手。而友好暗示所带来的效果显然要比直接批评更佳。"寸有所长，尺有所短"，每个人都有自己的优点和缺点，对于别人的缺点和错误，我们免不了想要批评指责，但直接的批评指责或许会让人难堪，严重者甚至引发口角。所以，批评指责也要讲究策略。所以，如果你想要别人听从你的劝说，改正错误而又不惹恼他，不妨学学史考伯和华纳梅克的这巧妙说服他人的方法，使自己的说服显得委婉而富有效果。

其实，人与人之间的相处就是这样，有时候你说得太直截了当了，这使对方碍于情面很难直接接受，甚至会因此更加愤怒。如果你要想使对方接受你的意见，在批评之前，一定要先说出体贴、关怀之类的赞美言辞，制造出友善的沟通氛围，这可以使受批评者放下成见和面子，一点点被你感化，从而乐于接受你的观点。而且，批评只需点到为止，不要结束后还让人心有余悸，产生后顾之忧。批评过后，还要给出鼓励、信任、支持和希望，使受批评者振作精神。

生活中，学会给别人留面子的人，都是懂得为自己留余地的人。在说服别人的时候也是如此。

有一次，张耀因为与吴军结怨感到心烦，央求了很多地方上有名望的人过来调解都没有用，吴军就是不给面子。后来张耀找到了郭飞，请他来化解这份恩怨。

郭飞答应了这个请求，亲自上门找到吴军，对其进行了劝说、说服，做了大量的工作，经过一番努力，吴军终于同意和解。按照常理来说，郭飞完成这项任务，可以直接走人了。

可是郭飞还有更高人一招的棋，他对吴军说："这个事，听说有许多当地有名望的人调解过，但没能达成协议。这次我很幸运，你也很给我面子，我了结了这件事。我在感谢你的同时，也为自己担心，毕竟我是外乡人，在本地人出面不能解决问题的情况下，由我这个外地人来完成和解，未免使本地那些有名望的人感到丢面子。"

"所以，请你再帮我一次，等我明天离开此地，本地几位名人还会上门，你从表面上要做到让他们以为我出面也解决不了问题。把面子给他们，算作他们完成了这件事，拜托了。"

在这件事情中，郭飞懂得为那些有名望的人留面子，同时他也是为自己留了一条后路。给人面子，你才会有面子。即使我们自己很优秀，也千万记得给别人留些面子，这样我们才会被人所尊敬。

生活中，我们时常会因为一时冲动做错事、说错话的时候，如果我们采取以牙还牙的态度去解决这件事情的话，将会让事态变得更加严重。此时，我们不妨给对方一个台阶下，不仅能让对方产生一种愧疚感，主动改正错误，而且也能达到说服他的目的。

由此可见，我们想要说服别人答应自己的要求，学会给对方留面子，说服对方的可能性就会增加很多。

❀ 说服要点

在说服中，只有为他人留面子，让对方有面子地接受我们的劝说，我们才更容易说服对方。

● 做个细节达人

人们常常说"细节决定成败"，细节往往会对结果起着决定性的作用。在说服别人的过程中，每一个细节都能体现你的能力以及修养。注重细节的人，往往会给别人留下一个好的印象，注重细节的人，往往会得到他人的喜爱，也会让你更容易说服别人。

在人际交往中，如果你能够把这些小的细节处理得很完美的话，往往能够打动对方的内心，增加别人对你的好感，让别人信服。有时候一个小小的细节往往能够反映一个人的品性。生活中，那些注重细节的人往往也能成就一番事业。

你能否成为一个受人欢迎的人，和你注重细节是有很大关系的，所以不要轻视生活中的任何一个小的动作、语言以及行为，这都对事情的结果起着关键性的作用。所以说生活中，要学会时时反省自己，审视自己的不足。虽然只是生活中的小细节，但是只有在平时注意观察生活，处处留心细节，才不会在关键时刻出错。

贾亮是公司业务部的经理，因为工作需要，他常常去外地出差。每一次出差前，他总是会先和合作的对象进行电话联系，然后再到当地去会面。就在几个月前，公司的一个大客户孙总突然决定要取消合作，贾亮觉得不妙，准备找孙总进行商谈。

当贾亮到达孙总的城市之后，给孙总打电话，发现孙总的手机停机了。贾亮想可能孙总没有发现自己的手机停机，于是贾亮立即为孙总充了一百元的话费，并且还发了一条短信以示问候："工作别太辛苦，愿你时时拥有好心情。"

当收到短信之后，一直没有发现手机停机的孙总，才意识到自己的疏忽，立马打电话和贾亮取得联系。孙总为贾亮这个为他充话费的行为很感动。他们之间，没有进行商谈，孙总当即就决定和贾亮的公司继续进行合作。

其实贾亮也没有做很多，他只是因为对方的手机停机就充了点话费。他只是为了能够早点和孙总联系上，节省他在外地的时间，所以才做了这一点小事。但是孙总正是因为他这个小小的举动，才会同意继续和他们合作。

生活就是这样，一切都从细节处着手，或许我们小小的举动，却能收到意想不到的收获。细节存在于生活中的方方面面，只要你注意生活中的每一个细节，你就能获得更多的益处。

生活中的一些小的细节往往能够起着决定性的作用，有时候，他也可以决定你会留给别人一个什么样的形象。所以与人交际时，我们常常需要注重细节和技巧。

一个人的言谈举止常常能够体现这个人的细节，因此，在与人交流的时候，我们一定要注重自己的言谈举止。因为只有让对方喜欢你的言谈举止了，你才可以成功地说服别人。细节有时会体现在你为别人做出的付出，它体现在生活的方方面面，比如说一句温暖的话语，一个充满温馨的提示，一次真正的握手，都可以让你获得意外的收获。我们只有注重细节，付诸行动，才可以在对方的心目中留下一个好的印象，从而能够更快地说服对方。

细节也体现在生活中的点点滴滴。当我们见了他人的第一面之后，我们要记住对方的名字。如果你的记忆力超好的话，不妨连对方的兴趣爱好等这些方面都记下来，或者你还可以问一下对方的生日，并且暗暗记在心里，当对方过生日的时候，送上一份礼物或许会促进你们之间的感情。或者你可以在每个有纪念意义的节日，给对方发一条短信问候或者祝福一下，或者是给对方邮去你精心为其准备的礼物。只要你有诚意，就一定能够打动对方。这也是你真诚向对方表示祝愿的最好时机。记得把握住这些细节，你就可以把握住生活中的机遇了。

我们在平时的生活中要养成注重细节的习惯，这对你以后的人际关系还是很有帮助的。重视细节的习惯，需要在平时的生活中不断地积累以及培养。如果一切你都已经做得很好了，一旦机会来临时，你就不会因为不注重细节与它失之交臂。

🪷 说服要点

当我们在说服对方的时候，不要一贯地用语言去说服，而要学会从细节处着手。有时候，细节常常会比那张巧嘴更具说服力。

● 多多赞美他人

每个人都喜欢被别人赞美。一般情况下，当你赞美别人的时候，对方的警惕的感觉会逐渐消失，所以赞美别人也是说服别人的一种途径。美国一位哲学家和心理学家威廉·詹姆斯曾经说过："人性的第一原则就是渴望得到赞赏。"

三国时期的曹操在与刘备"煮酒论英雄"时曾说："今天下英雄，唯使君与操尔。"意思就是说，我看现今天下的英雄，就只有刘备你和我曹操而已……后来，当曹操攻打东吴的时候，看到孙权的英姿，便有了"生子当如孙仲谋"的赞美。

如果你想说服一个人，或者是想改变一个人的想法但是你又不想伤害你们之间的感情，为了不引起对方的憎恨，其中最好的办法就是满足对方的渴望，用最美妙的赞扬之词来说服对方。

曾经有位社会心理学家说："用赞赏的方法去说服对方，就如同牙医给病人使用了麻醉剂一样，尽管痛苦和恐怖依然存在，但是病人丝毫感觉不到。"你的赞美的话语，有时候可能会从一种消极的状态转向积极的状态，然而这就是说服对方的桥梁。

赞美是一种很有效的推动力，当你在赞美他人的时候，你会发现自己拥有一种魔力去感动身边的人。

当我们赞美别人的时候，要真诚，因为假意的赞美很容易让对方识破，进而让对方对你产生厌烦的情绪，破坏他人对你的信任。有时候赞美之词，还需要具体化，具有明确的思想以及赞美意图。

赞美别人时需要注意的是不要将人与人进行比较，赞美要符合场景，选择在适合的地点以及适合的时间去赞美别人，这样会让赞美产生非同凡响的效果。

法拉第，英国的一位著名的物理学家和化学家，他比同样是化学家的戴维小了一辈，但是他却对戴维非常崇拜。有一天，他突然产生了想要结识这位伟大人物的念头。经过一番思想斗争之后，法拉第就给戴维写了一封信："伟大的戴维先生，我很荣幸能够聆听你的演讲，它简直太棒了，我从来都没有如此受到启发，我太崇拜你了，就如同迷恋伟大的化学一样，我想拜你为师……"

当戴维收到他的信之后，他提出想见一下法拉第。他们的这次相见，促进了彼此之间的合作，这也就为法拉第成为近代电磁学的奠基人做出了重大的贡献。法拉第在晚年回忆起自己的一生的时候，总是会发出深深的感慨："是伟大的戴维将我带进了科学殿堂的大门。"

大家可以想象一下，如果法拉第当初没有热情的赞美之词，可能他们两个人就不会相识，法拉第也就不会成为一位伟大的化学家和物理学家。生活中，如果你是一位赞美的高手，那么你一定就是一位说服的高手。所以不要总是盯着别人的缺点不放，留心别人的优点，不要因为面子和自尊而不去赞美别人。

当你赞美别人的时候，你就获得了一个面子，当你说服了对方的时候，你就是赢得了最大的自尊。

有一位韩国某公司的清洁工，他在公司是一位被忽视，被人看不起的角色。但是生活中就是这样的一群人，他们虽然力量微薄，却能展现出迷人的风采。一天晚上，公司的保险箱被窃之时，他顽强地与小偷进行了殊死搏斗。

事后，当有人为他请功并且问他做这件事情的动机时，他的回答令现场所有的人感到惊讶，他告诉大家他能这么做是因为公司的经理从他身旁走过的时候，总是会充满微笑地赞美他"你的地扫得真干净"。就是因为这么简单的一句话，让这位员工深受感动，就是这个原因，让他在关键的时刻挺身而出，保住了公司的财产，避免了公司财产损失。

生活中，懂得赞美他人的人，是很容易说服别人的，当别人获得他的赞美的时候，那一刻他就把别人征服了。赞美是人与人之间相处的最巧妙的方法，它是这个世界最动听的语言。它具有很神奇的魔力，不仅可以让说服者脸上增光，也可以让说服者满心欢悦。千万不要对赞美别人的话进行辩解或者是对赞美你的人表示不屑，这是对他们的侮辱，我们应该用微笑来回报他们。

当我们在生活中拥有了赞美别人的习惯的时候，我们的生活就会变得五彩缤纷，而得到赞美的人，世界会因为他的赞美而变得更加具有光彩。当我们在赞美他人的同时，我们也将因此获得完美的人生。当身边的人，有了好想法，做了好事的时候，我们要记得夸奖，赞美别人。只有拥有了完美的人际关系，才会离成功更近。

❀ 说服要点

赞美别人是人际交往中很重要的一部分，我们要瞅准时机，对他人致以赞美之词，进而达到说服他人的目的。

● 勇于承担责任

没有人一辈子做事情不犯错，这是谁都无法避免的。不同的是每个人犯错之后的态度。勇于承担责任的人，才能从主观上认识到自己的错误，并加以改正。而那些逃避责任的人，他们慢慢就会形成遇事推诿的坏习惯。

勇于承担责任的人，才能获得别人的尊重和信赖。有些自作聪明的人，总是把抢占功劳和推卸责任作为他们在人际交往中的良计，一遇到事情就赶紧为自己找替罪羊。

那些推诿责任，好大喜功的人，他们已经习惯了投机取巧的生活，在工作中总是拈轻怕重。他们有了好处就眼睛放光，立马争夺，好让自己在领导面前有炫耀的资本。当有了责任的时候，就选择逃避。他们自以为很聪明，实际上却是害了自己。他们这种搪塞、推诿责任的行为，只会让器重他的人失望，并且还会大大降低他的人格魅力。这种人不仅人际关系不行，并且还会受人鄙弃。

当你在生活中遇到这样的事情的时候，你会立刻反省自己的行为吗？还是立刻把责任推到其他人的身上？有些人总是无法看到自己的不足，不能很客观地面对自己，这样的人，在人际交往中是很难立足的，通常生活中，是没有人喜欢与这种人做朋友的。

责任不仅仅指一种职责，还指对事情的担待。它只是用来衡量一个人的品质以及价值的重要体现。可能有时候你承担了责任，但最终还是无法解决问题，但是在领导的心中你是一个有担当、有诚意的人。所有的人都喜欢和这样的人交往，他们在说服别人的时候，也会获得别人的信赖，那么他们说服别人当然比较容易取得成功。

董文和吴江是一家展览公司的运输员。他们在公司的主要职责就是负责运输展览品给客户。两个人在工作中一直是非常友好、非常默契的一组合作伙伴。而最近，吴江做事一直心不在焉，因为他近期觉得心里很烦，总是觉得自己付出了很多努力，可是老板总是看不见。每每想到这里，他就觉得心里感到委屈。

一天，一位客户急着准备开画展。老板就派他们两个人把这两幅画给客户送过去。于是两个人开车就一起出去了。等到了目的地之后，董文将一幅名画从车上搬下来递给吴江，而此刻的吴江心烦意乱，没接好，结果画框被摔坏了，两个人都愣住了。

吴江就很生气地说："你怎么不好好地递给我啊？""明明是你魂不守舍没有接好。"两个人开始互相抱怨。没办法，最后两人只能回公司去见老板。回到公司后，吴江先进了老板的办公室，他说："对不起，老板，我们把画弄坏了，这都怪董文，连递个画都没递好，全都怪他。"老板听完之后，就让吴江先出去了。"对不起，老板，"董文进来后，对于此事感到十分抱歉，他都不敢正眼看老板，"我和吴江我们两个没办好事，我愿意承担一切责任。"

听了董文的话，老板的眉角舒展了好多。他走到董文身边，拍拍董文的肩膀说："小伙子，你真不错，以后好好干吧！"后来，目睹事情经过的人，向老板说了这件事情的来龙去脉。最后，老板决定将不愿意承担责任的吴江开除，而提拔董文到管理岗位。为此吴江很不服气，他找到了老板。"吴江，事情的经过已经有人给我说过了，是你没接好画，把画摔了。"听到此话之后，吴江无言以对。老板继续说："你摔坏东西，我并不怪你。人都有失误的时候，但是你一味地推诿责任，不愿承担，你的这个行为让我感到很失望。我们公司不需要你这种人。"就这样，吴江被公司辞退了。

问题出现就忙着逃避责任，寻找各种借口来逃避责任。这样或许会逃脱一时的惩罚，但是会给人留下不负责的印象。这样的人是不会受欢迎的。

如果你是这样的一个人，那么有一天，你将会发现周围的人都在远离你、排斥你，最终你只会成为聪明过头的孤家寡人。因此，当你犯错之后，不要着急为自己辩解，我们要勇敢地面对过错，学会主动承担责任。只有这样才会体现出自己的责任感，才能获得别人的信任和尊重。

如果想要获得别人的信任，我们必须要培养自己的责任心，培养自己承担责任的能力。只有这样，我们才能通过他人的观察和考验，取得别人的信任。如果你想要成为一个勇于承担责任的人，就要具有宽广的胸怀，遇事不能斤斤计较，对于那些爱计较的人，他们往往就喜欢推卸责任。在生活中遇到事情的时候，不妨学会退步，学会宽容，如果太计较自己的得失，反而会让自己失去得更多。

在人际交往中，有些误会和矛盾是不可避免的，如果我们不懂得自我反省，直接将责任推到别人身上，不懂得从自我身上找毛病，我们就很容易给人留下一个刚愎自用的形象。所以，我们要敢于承担自己的责任，积极进行自我检讨，或许我们可以获得他人更多的信任。

生活中，善于承担责任体现了一个人的生活态度，当我们表态之后，就要想想怎样才能把这件事情处理好，将损失减到最低。只有这样，你才能从这件事情中得到深刻的领悟，也可以不断进行自我完善。就算最后无法挽回损失，相信对方也会对你的真诚有所感动，从而更加信任你。

🏵 说服要点

不管发生什么事情，我们都要做一个敢于承担责任的人。这不仅能够体现一个人的价值观，并且还可以增加你的可信程度。

同期推出

◎ 合作心理学  定价：35.00元

9 787802 568860 >

◎ 盲点心理学  定价：35.00元

9 787802 568877 >

◎ 诱导心理学  定价：35.00元

9 787802 568945 >